Mariana C.

ÎNȚELEGÂNDU-NE FĂRĂ CUVINTE

Cum să depășești neînțelegerile în familie

2024

De la acelaș autor:

1.,,Armonia in cuplu''
- explorează diverse aspecte ale relațiilor umane, de la comunicare și empatie, la rezolvarea conflictelor și construirea unei relații de cuplu sănătoase și echilibrate.

2. ,,Vindecarea rănilor emoționale în relații''
- este o carte profundă,care explorează complexitatea relațiilor interpersonale și impactul pe care trecutul emoțional îl poate avea asupra lor.

3. "Cum sa iti gasesti sufletul pereche"
- se adreseaza celor care își doresc sa gaseasca dragostea adevarata si sa-si gaseasca sufletul pereche.

4."Reconstruirea unei relații deteriorate"
- este un ghid util și practic pentru persoanele care se confruntă cu dificultăți în relațiile lor.

5. ,,Zâmbetul din oglindă" - este un ghid util pentru oricine dorește să-și îmbunătățească stima de sine și să-și atingă potențialul maxim.

6. "Rescrie-ți povestea" este o carte care abordează tema depășirii traumelor din copilărie și construirii unui viitor mai luminos.

7. "Umbrele trecutului" -este o carte care explorează teme precum iubirea, pierderea și curajul de a merge mai departe.

8 ,,Poveștile din copilărie" - este o carte care explorează principiile psihologiei pozitive și modul în care putem fi fericiți și mulțumiți fără să avem nevoie de motive externe pentru aceasta.

9."Povești nespuse" este o carte, care explorează diferite aspecte ale relațiilor umane și oferă o perspectivă subiectivă asupra problemelor și provocărilor cu care se confruntă oamenii în relațiile lor interpersonale.

10. "Povești nespuse" – este o carte ,care explorează diferite aspecte ale relațiilor umane și oferă o perspectivă subiectivă asupra problemelor și provocărilor cu care se confruntă oamenii în relațiile lor interpersonale.

11. "Când cuvintele nu sunt de ajuns" – cartea oferă cititorilor o mai bună înțelegere a limbajului nonverbal și îi învață cum să își interpreteze și să își utilizeze corect gesturile și expresiile faciale pentru a comunica eficient și clar.

12."Inima mea – un labirint" este o carte care te va provoca să reflectezi asupra propriei tale căutări interioare și îți va oferi o nouă înțelegere a complexității inimii umane. Este o lectură captivantă și emoționantă, care îți va rămâne în minte mult timp după ce ai închis cartea.

Capitolul 1: Comunicarea în familie.

- Importanța unei comunicări deschise și sincere în familie.
- Cum să îți exprimi gândurile și sentimentele fără a jigni sau a răni pe ceilalți.
- Tehnici de ascultare activă și empatie în relațiile familiale.
- Strategii ca să depășești conflictul și să găsești soluții în mod constructiv.

Capitolul 2: Înțelegerea și acceptarea diferențelor de opinii in familie.

- Cum să recunoști și să apreciezi diversitatea de opinii și valori în familie.
- Importanța respectului reciproc și acceptarea faptului că suntem diferiți.
- Cum să găsești un echilibru între individualitate și apartenența la familie.

Capitolul 3: Soluționarea conflictelor și rezolvarea neînțelegerilor.

- Tehnici eficiente de rezolvare a conflictelor în familie.
- Importanța compromisului și colaborării în găsirea soluțiilor la divergențele de opinie.
- Exemple practice de situții conflictuale și modalități de rezolvare a acestora în mod pașnic și constructiv.

Capitolul 4: Construirea unei relații armonioase în familie.

- Cum să cultivi comunicarea și înțelegerea reciprocă în relațiile familiale.
- Importanța petrecerii timpului de calitate împreună și găsirea unor activități comune.
- Cum să îți dezvolți abilitățile de rezolvare a problemelor și negocieri pentru a menține armonia în relațiile familiale.

Capitolul 5: Suportul și iubirea în familie

- Importanța sprijinului emoțional și al iubirii necondiționate în relațiile familiale.
- Cum să îți oferi și să primești sprijin din partea celor dragi în momentele dificile.
- Importanța exprimării iubirii și afecțiunii față de ceilalți membri ai familiei.
- Cum să îți menții relațiile familiale puternice și să îți construiești un sprijin solid și de nădejde în viața de zi cu zi.

Cartea "Înțelegându-ne fără cuvinte" este un ghid practic și inspirațional care îți arată cum să depășești neînțelegerile în familie și să comunici mai eficient cu cei dragi. Autoarea, explorează diferite moduri de comunicare și rezolvare a conflictelor, oferind cititorilor instrumentele necesare pentru a construi relații sănătoase și armonioase în familie.

Cartea începe prin a sublinia importanța comunicării eficiente în relațiile de familie și prezintă diferite tipuri de neînțelegeri care pot apărea între membrii unei familii. Sunt explicate cum anumite modele de comunicare pot duce la escaladarea conflictelor și oferă soluții practice pentru a depăși aceste obstacole.

Autoarea, Mariana C.,oferă studii de caz și exerciții practice pentru a ajuta cititorii să-și îmbunătățească abilitățile de comunicare și să rezolve conflictele într-un mod pașnic și respectuos.

Prin intermediul acestui ghid captivant și frumos, cititorii vor învăța că este posibil să depășească neînțelegerile în familie și să își construiască relații bazate pe înțelegere, respect și iubire.

"Înțelegându-ne fără cuvinte" este o lectură obligatorie pentru oricine dorește să își îmbunătățească relațiile cu cei dragi și să creeze un mediu familial armonios și fericit.

"În cele mai multe familii, nu e niciodată vorba de neînțelegere, ci de lipsa de comunicare."
Mignon McLaughlin

Capitolul 1:
Comunicarea în familie.

- Importanța unei comunicări deschise și sincere în familie.
- Cum să îți exprimi gândurile și sentimentele fără a jigni sau a răni pe ceilalți.
- Tehnici de ascultare activă și empatie în relațiile familiale.
- Strategii să depășești conflictul și să găsești soluții în mod constructiv.

***

Comunicarea este un aspect foarte important într-o familie. Este un mod prin care membrii familiei pot să-și exprime gândurile, sentimentele, dorințele și nevoile. Comunicarea sănătoasă în familie ajută la întărirea legăturilor dintre membrii ei și la rezolvarea problemelor sau neînțelegerilor într-un mod cât mai civilizat.

Comunicarea în familie poate să fie de mai multe tipuri: verbală, non-verbală, scrisă sau chiar prin intermediul tehnologiei. Este important să găsim modalitățile potrivite de comunicare în funcție de nevoile și preferințele fiecărui membru al familiei.

Un aspect important al comunicării în familie este ascultarea activă.

Acest lucru înseamnă să fim prezenți cu adevărat atunci când cineva din familie își exprimă gândurile sau sentimentele. Ascultându-i cu atenție și cu empatie, ne arătăm că ne pasă de ce spune și că îl susținem în orice situație.

Un alt aspect important al comunicării în familie este exprimarea deschisă a gândurilor și sentimentelor. Este important să fim sinceri și să ne exprimăm sentimentele în mod clar, fără a jigni sau a răni pe cineva. De asemenea, trebuie să fim deschiși să ascultăm și să acceptăm și părerea celorlalți membri ai familiei.

Este important să stabilim momente de comunicare în familie, unde toți membrii să se poată exprima liber și să discute despre lucrurile care îi preocupă. Aceste momente pot fi la masa de prânz sau la cină, în timpul plimbărilor sau în cadrul unor activități de familie.

Un alt aspect important al comunicării în familie este rezolvarea conflictelor într-un mod constructiv. Conflictul este inevitabil într-o familie, însă modul în care gestionăm acest conflict este crucial pentru menținerea relațiilor sănătoase.

Este important să rămânem calmi și să încercăm să găsim soluții înțelepte și echitabile pentru toți membrii familiei. Comunicarea în familie poate să fie o provocare uneori, însă este un aspect esențial pentru menținerea relațiilor sănătoase și armonioase. Prin intermediul unei comunicări eficiente, membrii familiei pot să își dezvolte abilități de ascultare, empatie și rezolvare a conflictelor și să creeze un mediu de iubire, înțelegere și respect reciproc. Amintiți-vă că fiecare membru al familiei are nevoi și dorințe diferite și că este important să acordați atenție tuturor acestor aspecte pentru a crea un mediu armonios și plin de iubire și înțelegere. Comunicarea în familie necesită efort și dedicare, însă beneficiile pe care le aduce sunt neprețuite și contribuie la consolidarea relațiilor și la fericirea și bunăstarea tuturor membrilor ei. Comunicarea este un element extrem de important în orice relație, iar într-o familie este cu atât mai crucială. Comunicarea deschisă și sinceră între membrii unei familii este cheia pentru a construi relații sănătoase, bazate pe încredere și respect reciproc.

De-a lungul timpului, am observat că o familie în care membrii săi comunică deschis și sincer are mai multe șanse de a fi fericită și armonioasă. De aceea, în acest articol voi explora importanța unei comunicări deschise și sincere în familie și cum aceasta poate contribui la creșterea relațiilor dintre membrii unei familii.

Comunicarea deschisă înseamnă să fii capabil să îți exprimi gândurile, sentimentele și nevoile fără teamă de a fi judecat sau respins de către ceilalți membri ai familiei. Este important să ne simțim în largul nostru atunci când comunicăm cu cei dragi și să fim sinceri în relația noastră cu aceștia. Comunicarea deschisă ne ajută să ne exprimăm sentimentele și să rezolvăm conflictele într-un mod pașnic și constructiv. Unul dintre beneficiile unei comunicări deschise în familie este îmbunătățirea relației dintre membrii acesteia. Atunci când avem un canal deschis de comunicare cu cei din jurul nostru, ne putem înțelege mai bine nevoile și dorințele celorlalți și putem colabora pentru a găsi soluții la problemele sau conflictele care pot apărea în familie. Comunicarea deschisă ne ajută să ne cunoaștem mai bine unii pe alții și să dezvoltăm o legătură mai puternică și mai profundă.

Un alt beneficiu al comunicării deschise în familie este că aceasta creează un mediu de încredere și confort în care membrii familiei se pot deschide și pot împărtăși cu ceilalți ceea ce simt și gândesc. Când avem încredere că putem vorbi deschis și sincer cu cei din jurul nostru, ne simțim mai relaxați și mai conectați cu aceștia. Aceasta înseamnă că putem să ne rezolvăm problemele mai ușor și să ne sprijinim reciproc în momentele dificile.

De asemenea, comunicarea deschisă în familie contribuie la îmbunătățirea relației dintre părinți și copii. Atunci când părinții sunt dispuși să asculte și să înțeleagă punctele de vedere ale copiilor lor și să le ofere sprijin și îndrumare în mod deschis și sincer, aceștia se simt mai înțeleși și mai apreciați. Comunicarea deschisă între părinți și copii le poate oferi acestora din urmă un sentiment de siguranță și încredere în sine, care este esențial pentru dezvoltarea lor emocională și psihologică.

Un alt aspect important al comunicării deschise în familie este capacitatea de a rezolva conflictele într-un mod constructiv și pașnic. Atunci când avem un canal deschis de comunicare cu ceilalți membri ai familiei, putem discuta deschis și sincru despre problemele care ne deranjează și să căutăm împreună soluții pentru a le rezolva. Comunicarea deschisă ne oferă posibilitatea de a ne exprima nevoile și dorințele fără a recurge la comportamente agresive sau lipsite de tact.Este important să subliniem faptul că comunicarea deschisă și sinceră în familie nu înseamnă doar vorbire, ci și ascultare activă și empatie față de ceilalți membri ai familiei. Atunci când suntem dispuși să ascultăm cu atenție și să ne punem în locul celorlalți, putem înțelege mai bine punctele lor de vedere și să ne oferim sprijin reciproc în momentele dificile. Comunicarea deschisă implică și capacitatea de a accepta și de a respecta diferențele de opinie și de a negocia compromisuri pentru a păstra armonia în familie.

Un alt beneficiu al unei comunicări deschise și sincere în familie este creșterea încrederii reciproce între membrii acesteia. Atunci când ne deschidem unii altora și ne oferim sprijin și susținere în mod sincer, ne construim o relație de încredere și respect care este esențială pentru buna funcționare a unei familii.

O familie în care membrii săi sunt sinceri și deschiși unii cu alții se simte mai unită și mai solidă și poate face față mai ușor provocărilor și dificultăților vieții.Comunicarea deschisă în familie poate avea un impact pozitiv și asupra satisfacției și fericirii membrilor acesteia. Atunci când suntem capabili să ne exprimăm gândurile și sentimentele într-un mod deschis și sincer, ne simțim mai înțeleși și mai apreciați de ceilalți și avem o relație mai apropiată și mai autentică cu aceștia. O familie în care membrii săi comunică deschis și sincer se simte mai fericită și mai împlinită și poate să se bucure de momentele frumoase împreună.

Comunicarea deschisă și sinceră în familie este esențială pentru crearea unei atmosfere de încredere și confort în care membrii acesteia se pot exprima liber și se pot sprijini reciproc în momentele dificile. Comunicarea deschisă contribuie la îmbunătățirea relațiilor dintre membrii unei familii și la rezolvarea conflictelor într-un mod constructiv și pașnic. Este important să ne asigurăm că avem un canal deschis de comunicare cu cei din jurul nostru și să ne străduim să fim sinceri și deschiși în relația noastră cu aceștia.

O familie în care membrii săi comunică deschis și sincer se simte mai unită, mai fericită și mai armonioasă și poate să facă față mai ușor provocărilor vieții.

Atunci când vine vorba despre exprimarea gândurilor și sentimentelor noastre, este foarte important să fim atenți la modul în care comunicăm pentru a evita să jignim sau să rănim pe cei din jurul nostru. Comunicarea este un aspect foarte important al relațiilor interpersonale și poate influența foarte mult modul în care suntem percepuți de ceilalți.

Unul dintre cele mai importante aspecte ale unei comunicări eficiente este empatia. Empatia presupune capacitatea de a te pune în locul celuilalt și de a încerca să înțelegi perspectivele și sentimentele sale.

Când îți exprimi gândurile și sentimentele, este important să ai în vedere cum ar putea fi percepute de cealaltă persoană și să încerci să îți formulezi mesajul într-un mod care să nu jignească sau să rănească.

O altă componentă esențială a unei comunicări eficiente este sinceritatea. Este important să îți exprimi gândurile și sentimentele fără să le ascunzi sau să le distorsionezi.

Cu toate acestea, este la fel de important să îți alegi cuvintele cu atenție și să încerci să îți formulezi mesajul într-un mod constructiv și respectuos.

Un alt aspect important în exprimarea gândurilor și sentimentelor este ascultarea activă. Ascultarea activă presupune nu doar să fii atent la ceea ce spune cealaltă persoană, ci și să încerci să îți pui învăți în locul său și să reacționezi în mod adecvat la ceea ce a fost comunicat. Prin ascultare activă, poți evita să jignești sau să rănești pe cineva și poți construi relații mai sănătoase și mai armonioase.

Sa fim atenți ca la exprimarea gândurilor și sentimentelor este important tonul și limbajul corporal. Tonul vocii și limbajul corporal pot influența foarte mult modul în care mesajul tău este perceput de cealaltă persoană. În timp ce cuvintele tale pot fi destul de nevinovate, tonul tău sau limbajul corporal pot transmite altceva. Este important să îți controlezi tonul și limbajul corporal pentru a te asigura că mesajul tău este recepționat în mod corect.

De asemenea ,important în exprimarea gândurilor și sentimentelor este momentul potrivit.

Este important să îți alegi momentul potrivit pentru a discuta despre anumite gânduri sau sentimente. Uneori, este mai bine să aștepți un moment mai potrivit sau să îți alegi cuvintele cu atenție pentru a evita conflicte sau tensiuni.

Cel mai important aspect al exprimării gândurilor și sentimentelor fără a jigni sau a răni pe ceilalți este să fii empatic, sincer, să asculți activ și să îți alegi cuvintele cu atenție și să îți controlezi tonul și limbajul corporal. Prin comunicare eficientă și respectuoasă, putem construi relații mai sănătoase și mai armonioase cu cei din jurul nostru.

Un aspect crucial al comunicării respectuoase este să fim atenți la limbajul pe care-l folosim și să evităm cuvintele sau expresiile care pot răni sau jigni pe cei din jur.

Este important să folosim un limbaj adecvat și să evităm cuvintele dure sau agresive care pot crea tensiuni sau conflicte în relațiile noastre. În loc să folosim cuvinte care pot răni sau jigni pe ceilalți, putem încerca să găsim formulări mai blânde și atent construite care să transmită mesajul nostru într-un mod respectuos și empatic.

Comunicarea respectuoasă este esențială în relațiile noastre interpersonale și ne ajută să ne exprimăm gândurile și sentimentele fără a răni sau a jigni pe ceilalți. Pentru a comunica eficient și respectuos, este important să fim sinceri și autentici în exprimarea noastră, să fim atenți la tonul și modul în care ne exprimăm, să fim empatici și să ne punem în locul celorlalți și să folosim un limbaj adecvat și respectuos. Prin cultivarea acestor abilități de comunicare respectuoasă, putem contribui la construirea unor relații interpersonale sănătoase și armonioase, în care fiecare se simte ascultat, respectat și înțeles.

Ascultarea activă și empatia sunt două abilități esențiale în relațiile familiale, deoarece ele contribuie la comunicarea eficientă și la creșterea armoniei în familie.

În continuare, vom explora 10 tehnici de ascultare activă și empatie pe care le putem aplica în relațiile noastre cu cei dragi.

- Acordă atenție totală.

Atunci când cineva din familia ta îți vorbește, încearcă să acorzi întreaga ta atenție. Fii prezent fizic și mental în conversație și arată-i persoanei că îți pasă de ceea ce spune.

Exemplu: Mama ta îți povestește despre o situație dificilă pe care a avut-o la serviciu. În loc să fii distras și să răspunzi la mesaje pe telefon, adu-ți atenția completă asupra ei și ascultă cu empatie.

- Repetă și validează sentimentele celuilalt. O tehnică eficientă de a demonstra empatie într-o conversație este să repeți și să validezi sentimentele celuilalt. Astfel, îi arăți că îl asculți cu adevărat și că îți pasă de starea sa emoțională.

Exemplu: Fratele tău te anunță că se simte stresat din cauza examenelor. În loc să îi spui doar "Înțeleg", poți spune "Îmi pare rău că te simți așa și te înțeleg. Sunt aici pentru tine și te susțin în această perioadă dificilă."

- Pune întrebări deschise.

Punerea de întrebări deschise încurajează celălalt să-și exprime gândurile și sentimentele în mod detaliat. Aceasta demonstrează că ești interesat de ceea ce spune și că îți dorești să înțelegi mai bine perspectiva sa.

Exemplu: Sora ta îți relatează despre o problemă cu colegii de clasă. În loc să îi spui doar "Ce ai făcut în această situație?", poți întreba "Cum te-ai simțit atunci când s-a întâmplat asta? Cum crezi că poți gestiona mai bine această situație?"

- Folosește limbajul corpului.

Expresia feței, postura și gesturile tale pot transmite multe informații în timpul unei conversații. Fii atent la limbajul tău corporal și fă-ți cel mai bine să sprijini și să facilitezi comunicarea cu cei din familie prin poziționarea ta deschisă și receptivă.

Exemplu: Tatăl tău îți povestește despre una din pasiunile sale și vedeți despre ce este vorba. Poți să îți exprimi interesul și implicarea prin ochii luminoși și mimica și postura pozitivă.

- Fiți empatici și compătimiți.

Empatia presupune punerea ta în locul persoanei care îți vorbește și înțelegerea a ceea ce simte. Arată empatie prin exprimarea recunoștinței tale pentru deschiderea sa și arătându-i că îl susții și îi înțelegi starea.

Exemplu: Bunica ta îți mărturisește că se simte singură și izolată. Poți fi empatic și compătimitor prin a spune "Îmi pare rău să aud că te simți astfel. Vreau să știi că sunt aici pentru tine și că poți conta pe mine în orice moment."

- Ascultare activă și reflexivă.

Ascultarea activă îți permite să te concentrezi pe ceea ce spune celălalt, în timp ce ascultarea reflexivă presupune reflectarea și reconfirmarea a ceea ce ai înțeles. Acestea sunt esențiale pentru clarificarea și consolidarea comunicării în familie.

Exemplu: Fratele tău îți explică despre planurile sale pentru viitor. Poți demonstra ascultare activă prin a fi atent la detaliile despre planurile sale și reflexiv prin a repeta și a verifica înțelegerea ta a lor. Poate dori să mergem la cineva împreună la universitate sau să se mute în alte orașe.

- Arată încredere și susținere.

Atunci când cineva din familia ta îți împărtășește grijile, temerile sau visele, demonstrează că îl susții și îl ai încredere în el. Acest lucru îl va face să se simtă mai sigur și mai apreciat în relația voastră.

Exemplu: Sora ta îți spune că se gândește să se înscrie la un curs de dans. Arată-i susținerea ta și încrederea în abilitățile ei, spunându-i "Sunt convins că vei reuși în acest nou proiect. Dă tot ce ai mai bun și fii sigură că te voi susține întotdeauna."

- Fii deschis la dialog și negociere.

Comunicarea deschisă și dialogul sunt fundamentale în relațiile sănătoase și armonioase. Fii dispus să asculți și să ai conversații constructive cu membrii familiei tale pentru a rezolva conflictele și a întări legăturile voastre.

Exemplu: Părinții tăi propun o regulă nouă în casă care te nemulțumește. În loc să te enervezi sau să ignori propunerea lor, poți iniția un dialog deschis și o negociere pentru a ajunge la un consens care să satisfacă ambele părți.

- Crează -ți propria comunicare.

Pentru a promova o comunicare eficientă în familie, este important să îți menții propriul stil de comunicare coerent și colaborativ. Alege cuvintele cu înțelepciune, fii sincer și respectuos și evită remarci critice sau jignitoare.

Exemplu: Frații tăi îți dau sfaturi despre modul în care te comporți cu prietenii tăi. În loc să te apere apăsat sau să ignori comentariile lor, poți răspunde cu calm și cu inimă deschisă, exprimându-ți părerea ta și ascultând și părerile altora.

- Apreciază și recunoaște momentele de conectare.

În cele din urmă, să nu uiți să apreciezi și să recunoști momentele de conectare și intimitate pe care le trăiești cu membrii familiei tale. Fie că este vorba de un râs în familie, de o discuție profundă sau de o împărtășire sinceră, aceste momente sunt valoroase și construiesc legături puternice în familie.

Exemplu: Într-o zi de weekend, familia ta petrece timp împreună jucându-se un joc de societate și împărtășind povești.

After aceea, poți să recunoști și să apreciezi acele momente unice, spunând "A fost o zi minunată petrecută împreună. Sunt recunoscător pentru aceste clipe de bucurie și apropiere."
Ascultarea activă și empatia reprezintă aspecte cruciale în relațiile familiale, deoarece ele facilitează comunicarea autentică, sprijinul reciproc și conexiunea emoțională. Prin aplicarea acestor 10 tehnici în relațiile cu membrii familiei tale, vei putea consolida legăturile voastre și vei contribui la crearea unui mediu familial plin de înțelegere, iubire și armonie.

Conflictele sunt inevitabile în relațiile noastre cu ceilalți oameni. Fie că este vorba de colegi de muncă, prieteni, parteneri de viață sau membri ai familiei, există momente când opiniile noastre diferă și apar conflicte. Este important să abordăm aceste situații cu maturitate și să căutăm soluții în mod constructiv, în loc să recurgem la certuri sau la ignorarea problemei.

Iată zece strategii pe care le poți folosi pentru a depăși conflictele și a găsi soluții într-un mod pozitiv și constructiv:

- Comunicarea deschisă și respectuoasă.

Cea mai importantă strategie în depășirea conflictelor este comunicarea deschisă și respectuoasă. Încearcă să îți exprimi gândurile și sentimentele în mod clar, fără să jignești sau să ataci persoana cu care ai conflict. Ascultă cu atenție punctul de vedere al celuilalt și încearcă să găsești un teren comun pentru a rezolva problema.

De exemplu, dacă ai o dispută cu un coleg de muncă referitoare la un proiect în care lucrați împreună, încearcă să îți exprimi preocupările într-un mod cald și obiectiv. Ascultă și punctul de vedere al colegului tău și găsiți o soluție care să satisfacă ambele părți.

- Analizează problema și identifică cauzele

Pentru a găsi o soluție la conflict, este important să analizezi problema în profunzime și să identifici cauzele care au dus la apariția acestuia. Poate că soluția nu constă doar în rezolvarea conflictului în sine, ci și în abordarea factorilor care au contribuit la acesta.

De exemplu, dacă ai o dispută cu partenerul de viață legată de distribuirea sarcinilor casnice, încearcă să identifici care sunt așteptările voastre referitoare la această activitate și cum puteți găsi un echilibru care să vă satisfacă pe amândoi.

- Fii empatic și înțelegător.

Empatia este o abilitate esențială în depășirea conflictelor. Încearcă să vezi situația și perspectiva celuilalt din punctul său de vedere și să îți pui în locul său. Odată ce îți dai seama de motivele și sentimentele celuilalt, vei fi mai înclinat să găsești soluții care să țină cont de nevoile amândurora.

De exemplu, dacă ai o dispută cu un prieten care îți pare că te ignoră, încearcă să îți pui în locul său și să îți dai seama că poate are și el probleme sau preocupări care îl împiedică să fie prezent pentru tine.

- Fii deschis la compromisuri.

În depășirea conflictelor, este important să fii deschis la compromisuri și să încerci să găsești soluții care să satisfacă ambele părți. Nu este nevoie să găsești o soluție perfectă sau să ai mereu dreptate, ci să fii dispus să faci un pas în direcția celuilalt pentru a rezolva conflictul.

De exemplu, dacă ai o dispută cu un partener de afaceri referitoare la modalitatea de promovare a produselor, încearcă să găsești o soluție care să îmbine ideile voastre și să satisfacă ambii clienți.

- Evită să personalizezi conflictul.

În momentele de tensiune, este ușor să personalizezi conflictul și să îl faci despre tine sau despre caracterul tău. În realitate, multe conflicte sunt rezultatul unor opinii diferite sau a unor neînțelegeri, nu a unei atacuri la persoana ta. Înțelegerea acestei diferențe poate ajuta să depășești conflictul și să găsești soluții într-un mod mai obiectiv. *De exemplu,* dacă ai o dispută cu un membru al familiei referitoare la modul în care îți petreci timpul liber, încearcă să îți amintești că nu este vorba despre tine ca persoană, ci despre nevoile și așteptările fiecăruia în parte.

- Depersonalizează comunicarea.

Pentru a evita escaladarea conflictului, încearcă să depersonalizezi comunicarea și să te concentrezi pe fapte și idei, nu pe persoane. Evită să folosești expresii care atacă persoana cu care ai conflict și încearcă să fii cât mai obiectiv în exprimarea opiniilor și a gândurilor tale.

De exemplu, în loc să spui "Tu ești întotdeauna egoist și nu îți pasă de nevoile mele", poți spune "Mă simt frustrat când simt că nu sunt ascultat în relația noastră". Depersonalizând comunicarea, vei crea un mediu mai deschis pentru a găsi soluții constructive.

- Implicarea unei părți neutre.

În unele situații, este util să implici o parte neutră pentru a ajuta la rezolvarea conflictului. Poate fi vorba de un mediator profesionist sau de un prieten de încredere care poate oferi o perspectivă imparțială și poate ajuta la găsirea unei soluții echitabile pentru ambele părți.

De exemplu, dacă ai o dispută cu un vecin referitoare la limita proprietății sau la zgomot, poți apela la un mediator sau la un oficial local pentru a ajuta la negociere și la găsirea unei soluții acceptabile pentru ambele părți.

- Alege momentul potrivit.

Este important să alegi momentul potrivit pentru a aborda și a rezolva conflictul. Evită să discuți problemele într-un moment în care sunteți amândoi iritați sau stresați, deoarece acest lucru poate duce la escaladarea conflictului în loc să îl rezolve.

Așteaptă un moment propice, când ambele părți sunt disponibile și deschise la dialog, pentru a aborda cu succes problema.

De exemplu, dacă ai o dispută cu un coleg de muncă, alege un moment în care amândoi sunteți la birou și nu sunteți presați de termene sau de alte responsabilități pentru a discuta calm și constructiv despre problema voastră.

• Focusați-vă pe soluții, nu pe probleme. În loc să vă concentrați doar pe problema care a dus la conflict, încercați să găsiți soluții și să identificați pașii practici pentru rezolvarea acesteia. Concentrandu-vă pe rezolvarea conflictului și pe găsirea unei soluții comune, veți depăși mai ușor tensiunea și veți ajunge la un acord în mod constructiv.

De exemplu, dacă ai o dispută cu partenerul de viață referitoare la cheltuieli, identificați împreună modalități de a gestiona bugetul și prioritățile financiare pentru a evita conflicte viitoare.

• Învață din experiență. Fiecare conflict este o oportunitate de învățare și de creștere personală. Analizați conflictele anterioare și identificați ce puteți face diferit în viitor pentru a evita sau a depăși mai eficient situațiile tensionate.

Învață din experiențele trecute și aplicați-le în rezolvarea conflictelor viitoare pentru a vă îmbunătăți abilitățile de comunicare și relaționare.

De exemplu, dacă ai avut o dispută cu un prieten care a dus la întreruperea relației, analizează ce s-a întâmplat și ce ai fi putut face diferit pentru a preveni escaladarea conflictului. Aplicați această învățare în relațiile viitoare pentru a evita astfel de situații tensionate.

Depășirea conflictelor și găsirea soluțiilor în mod constructiv necesită maturitate, empatie și o abordare deschisă și respectuoasă. Prin aplicarea acestor zece strategii în comunicarea și rezolvarea conflictelor, vei putea depăși cu succes tensiunile și neînțelegerile din relațiile tale și vei putea construi o bază solidă pentru colaborare și armonie.

"Înțelegerea în familie nu înseamnă neapărat să fii de acord întotdeauna, ci să fii capabil să asculți și să încerci să-i înțelegi pe ceilalți, chiar și atunci când sunteți în dezacord."

Capitolul 2
Înțelegerea și acceptarea diferențelor de opinii in familie.

- Cum să recunoști și să apreciezi diversitatea de opinii și valori în familie.
- Importanța respectului reciproc și acceptarea faptului că suntem diferiți.
- Cum să găsești un echilibru între individualitate și apartenența la familie.

***

Într-o familie, este normal să existe diferențe de opinii între membrii săi. Fie că este vorba despre părinți și copii sau între frați și surori, este important să înțelegem că fiecare persoană are propriile idei, experiențe și perspective și acest lucru poate duce la opinii diferite.

Pentru a putea gestiona aceste diferențe într-o manieră sănătoasă și constructivă, este crucial să avem deschidere și toleranță față de punctele de vedere ale celorlalți membri ai familiei. Acest lucru implică capacitatea de a asculta cu atenție ce are de spus celălalt, fără a judeca sau a critica imediat.

Este important să încercăm să înțelegem
motivul din spatele opiniilor celuilalt și să
fim deschiși la discuție și dialog.

Să luăm un exemplu simplu: să luăm în
considerare un copil care vrea să meargă la o
petrecere cu prietenii săi, dar părinții sunt
reticenți să îl lase să plece singur seara târziu.
În această situație, copilul și părinții au opinii
diferite. Copilul vrea să se distreze și să
socializeze cu prietenii săi, în timp ce părinții
își fac griji în legătură cu siguranța copilului
lor.

Pentru a gestiona această situație, este
important ca ambii părți să își exprime
motivele și temerile într-un mod deschis și
respectuos. Copilul ar trebui să își expună
dorința de a merge la petrecere și să încerce
să înțeleagă de ce părinții sunt îngrijorați. Pe
de altă parte, părinții ar trebui să fie deschiși
la discuție și să ofere o explicație clară a
motivelor pentru care consideră că este mai
bine să nu îl lase pe copil să plece la petrecere.
 Prin această comunicare deschisă și sinceră,
ambele părți pot să înțeleagă punctul de
vedere al celuilalt și să ajungă la o soluție de
compromis care să satisfacă ambele părți. De
exemplu, părinții ar putea fi de acord să îl

lase pe copil să meargă la petrecere, dar să îi impună un anumit orar pentru a se întoarce acasă sau să îl însoțească la petrecere pentru a se asigura că este în siguranță.De asemenea, este important să avem în vedere faptul că diferențele de opinii sunt normale și să nu le considerăm ca pe un obstacol în relația cu ceilalți membri ai familiei. În schimb, putem folosi aceste diferențe ca o oportunitate de a învăța și de a ne dezvolta abilitățile de comunicare și de rezolvare a conflictelor.

În situațiile în care apar conflicte sau neînțelegeri în familie din cauza diferențelor de opinii, este important să evităm folosirea unui limbaj negativ sau agresiv și să ne concentrăm pe găsirea unei soluții împreună. Este util să folosim un limbaj calm și respectuos și să încercăm să găsim un teren comun în urma discuțiilor.

Un alt aspect important în gestionarea diferențelor de opinii în familie este empatia. Este esențial să avem capacitatea de a ne pune în locul celuilalt și de a înțelege de ce anumite opinii sau decizii sunt importante pentru acea persoană. Prin empatie, putem crea un mediu de comunicare sănătos și putem evita conflictele și tensiunile care pot apărea din cauza opinii diferite.

Să luăm un alt exemplu: să presupunem că doi frați au opinii diferite în ceea ce privește modul în care să împartă munca de curățenie în casă. Unul dintre frați preferă să împartă sarcinile egal și să se asigure că fiecare membru al familiei participă în mod echitabil, în timp ce celălalt frațel consideră că fiecare ar trebui să fie responsabil pentru anumite sarcini în mod individual.

Pentru a gestiona această divergență de opinii, este important ca ambii frați să își exprime motivul din spatele preferințelor lor și să încerce să înțeleagă punctul de vedere al celuilalt. De exemplu, frații ar putea ajunge la un compromis și să împartă sarcinile de curățenie într-un mod care să îi satisfacă pe amândoi, cum ar fi să fie responsabili pentru anumite zone ale casei sau să se rotească în îndeplinirea sarcinilor.

Respectul este, de asemenea, un pilon important în gestionarea diferențelor de opinii în familie. Este esențial să ne respectăm reciproc opiniile și să nu le discredităm sau să le minimalizăm. Fiecare membru al familiei ar trebui să simtă că opinia sa este valorizată și luată în considerare în discuțiile familiale.

În plus, trebuie să avem în vedere că nu toate diferențele de opinii sunt neapărat negative. Fiecare membru al familiei are un bagaj de experiențe și cunoștințe unice care îi pot aduce o perspectivă diferită asupra unei situații sau probleme. Să luăm în considerare sănătatea și nutriția ca aspecte importante în viața noastră de zi cu zi. Unul dintre membrii familiei poate susține o dietă vegetariană, în timp ce un alt membru poate prefera o dietă mai echilibrată cu inclusiv carne și lactate. Într-o astfel de situație, este important ca membrii familiei să își asculte și să își respecte reciproc opiniile și preferințele culinare. Este posibil ca aceste diferențe să fie o oportunitate de a încerca lucruri noi și de a descoperi noi rețete sau alimente care să fie pe placul tuturor.

Înțelegerea și acceptarea diferențelor de opinii în familie sunt esențiale pentru o relație sănătoasă și armonioasă între membrii acesteia. Prin empatie, respect, comunicare deschisă și abilități de rezolvare a conflictelor, putem gestiona și valorifica diversitatea de puncte de vedere pentru a crea un mediu familial în care fiecare membru se simte ascultat, înțeles și apreciat.

Fiecare familie este unică și are propriile valori, tradiții și opinii. Este important să recunoaștem și să apreciem diversitatea acestor aspecte în cadrul familiei noastre pentru a putea să ne înțelegem și să ne respectăm unii pe alții.

Un prim pas în recunoașterea și aprecierea diversității de opinii și valori în familie este să fim deschiși la discuții și să punem în aplicare principiul ascultării active. Este important să încurajăm membrii familiei să-și exprime gândurile și sentimentele fără frică de judecată sau critici. Prin ascultarea atentă și respectuoasă a celorlalți putem înțelege mai bine punctele de vedere diferite și să găsim soluții sau compromisuri care să satisfacă toate părțile implicate.

Un exemplu concret în acest sens ar putea fi discuția despre alegerea locului de vacanță în familie. Unii membri ai familiei ar putea prefera destinații pline de aventură și activități intense, în timp ce alții ar dori să se relaxeze pe o plajă liniștită și să se odihnească. Prin ascultarea atentă a tuturor părților implicate și luarea în considerare a preferințelor fiecăruia, se poate ajunge la o soluție care să ofere satisfacție tuturor membrilor familiei.

Un alt aspect important în recunoașterea și apecierea diversității de opinii și valori în familie este să fim deschiși să învățăm unii de la alții. Fiecare membru al familiei aduce cu sine experiențe și cunoștințe unice care pot contribui la dezvoltarea și îmbogățirea celorlalți. Este important să fim deschiși la schimbare și să acceptăm că există mai multe modalități de a vedea și de a interpreta lumea înconjurătoare.

Un exemplu în acest sens ar putea fi situația în care un adolescent din familie aduce în discuție idei și perspective noi asupra unei probleme sau a unei situații. Chiar dacă cei mai în vârstă au mai multă experiență și cunoștințe acumulate de-a lungul anilor, este important să asculte cu atenție și să încerce să înțeleagă punctul de vedere al adolescentului. Acesta ar putea oferi o perspectivă nouă și interesantă, care să deschidă noi posibilități de rezolvare a situației.

Un alt aspect important în recunoașterea și aprecierea diversității de opinii și valori în familie este să încurajăm discuțiile deschise și constructive.

Este important să comunicăm în mod clar și respectuos cu ceilalți membri ai familiei și să încurajăm expresia liberă a sentimentelor și a ideilor. Prin dezvoltarea unei atmosfere de comunicare deschisă și respectuoasă putem să depășim eventualele conflicte și neînțelegeri care pot apărea în cadrul familiei.

Un exemplu concret în acest sens ar putea fi discuția despre alegerea domeniului de studiu al unui membru al familiei. Este posibil ca părinții să aibă anumite așteptări sau să își dorească ca copilul lor să urmeze o anumită carieră sau să se specializeze într-un anumit domeniu. Totuși, este important să se țină cont de pasiunile și interesele copilului și să se încurajeze o discuție deschisă și constructivă în care să fie luate în considerare toate punctele de vedere.

Un alt aspect crucial în recunoașterea și aprecierea diversității de opinii și valori în familie este să ne amintim de importanța toleranței și a respectului față de diferențe. Fiecare membru al familiei este unic și are propriile experiențe, trăiri și opinii care trebuie să fie respectate și valorizate. Este important să învățăm să acceptăm și să sărbătorim diversitatea de opinii și valori în cadrul familiei noastre pentru a construi relații sănătoase și echilibrate.

Un exemplu concret în acest sens ar putea fi discuția despre diferitele tradiții și obiceiuri din familie. Fiecare membru al familiei ar putea avea tradiții și obiceiuri specifice pe care le consideră importante și valoroase. Este important să înțelegem că diversitatea de tradiții și obiceiuri aduce un plus de bogăție și colorăm familiei noastre și să le respectăm și să le valorizăm pe toate, indiferent de diferențe.

Recunoașterea și aprecierea diversității de opinii și valori în familie este un proces complex și important care necesită deschidere, comunicare, învățare și respect reciproc. Prin ascultarea activă, acceptarea diferențelor, comunicarea deschisă și respectul față de diversitate putem construi relații sănătoase și echilibrate în cadrul familiei noastre. Este important să ne amintim că fiecare membru al familiei aduce cu sine experiențe și cunoștințe unice care pot contribui la creșterea și dezvoltarea noastră ca persoane și ca familie.

Respectul reciproc și acceptarea diferențelor dintre oameni sunt două aspecte extrem de importante în relațiile interumane și în societatea în ansamblu. Atunci când ne tratăm unul pe altul cu respect și când ne acceptăm diversitatea, putem construi relații mai sănătoase, mai armonioase și mai pline de empatie.

Respectul reciproc se referă la acel sentiment de apreciere și considerație pe care îl arătăm față de ceilalți, indiferent de diferențele noastre. Acesta presupune să tratăm pe ceilalți cu politețe, să îi ascultăm atent și să le oferim sprijin atunci când au nevoie. Respectul reciproc ne ajută să ne comunicăm mai eficient și să evităm conflictele sau neînțelegerile.

Acceptarea diferențelor este, de asemenea, esențială în relațiile interumane. Fie că vorbim despre diferențe de gen, vârstă, origine etnică, orientare sexuală sau credință religioasă, este important să înțelegem că fiecare persoană este unică și valorează la fel de mult. Acceptarea diferențelor ne ajută să ne îmbogățim experiența de viață și să ne dezvoltăm înțelegerea și empatia față de ceilalți.

Un exemplu clar al importanței respectului reciproc și acceptării diferențelor poate fi observat într-un mediu multicultural, cum ar fi o școală sau locul de muncă. Atunci când elevii sau angajații provin din medii diferite și au tradiții sau obiceiuri proprii, este esențial să existe un climat de respect reciproc și de acceptare a diversității. Prin intermediul acestui climat pozitiv, fiecare persoană se simte valorizată și încurajată să-și exprime identitatea și să își arate căldura față de ceilalți.

Respectul reciproc și acceptarea diferențelor sunt esențiale și în relațiile de cuplu sau în relațiile de prietenie. Atunci când ne respectăm partenerul sau prietenul pentru ceea ce este și când îi acceptăm diferențele, relația devine mai puternică și mai profundă. De exemplu, dacă doi parteneri au opinii diferite într-o anumită problemă, este esențial să se asculte reciproc și să se încerce să se înțeleagă punctele de vedere ale celuilalt, în loc să se impună propriile idei.

Respectul reciproc și acceptarea diferențelor sunt de asemenea esențiale în dezvoltarea copiilor. Copiii își formează identitatea și învață să se comporte în funcție de modelele pe care le întâlnesc în viața de zi cu zi.

Prin urmare, este important ca adulții din jurul lor să le arate respect și să îi învețe să accepte diversitatea într-un mod pozitiv și constructiv.

În societatea noastră actuală, se observă deseori conflicte și tensiuni cauzate de lipsa respectului reciproc și de respingerea diferențelor. Discriminarea pe criterii de gen, rasă sau religie este încă o realitate dureroasă pentru multe persoane. Prin urmare, este esențial să ne educăm și să ne sensibilizăm cu privire la importanța respectului reciproc și a acceptării diferențelor într-un mod mai amplu și mai profund.

Un alt exemplu concret al importanței respectului reciproc și acceptării diferențelor poate fi observat în mediul online. Pe rețelele de socializare sau în mediul virtual în general, este ușor să ne confruntăm cu comentarii răutăcioase sau cu înțepături la adresa diferențelor noastre. Este important să învățăm să ne exprimăm opinia în mod respectuos și să fim deschiși la punctele de vedere ale celorlalți, chiar dacă sunt diferite de ale noastre.

Respectul reciproc și acceptarea diferențelor sunt două valori fundamentale care ne ajută să construim relații mai sănătoase, mai armonioase și mai pline de empatie. Prin practicarea acestor valori în viața de zi cu zi, putem contribui la crearea unei societăți mai tolerante și mai deschise la diversitate. Așadar, să ne învățăm să apreciem și să celebrăm diferențele, să ne tratăm unii pe alții cu respect și să cultivăm o cultură a acceptării în comunitățile noastre. Astfel, vom putea trăi într-o lume mai frumoasă și mai armonioasă pentru toți.

Găsirea unui echilibru între individualitate și apartenență la familie este un aspect important al vieții noastre. Este esențial să ne dezvoltăm și să ne exprimăm identitatea noastră unică, în timp ce ne păstrăm conexiunile strânse cu membrii familiei noastre. În acest articol, vom explora moduri diferite în care putem să îmbinăm aceste două aspecte ale vieții noastre și să găsim un echilibru sănătos între ele.

Un prim pas în găsirea unui echilibru între individualitate și apartenență la familie este să înțelegem importanța ambelor aspecte în viața noastră. Fiind un individ unic, avem nevoia de a ne dezvolta propriile interese, pasiuni și aspirații. Aceste lucruri ne definesc identitatea și ne ajută să ne simțim împliniți și fericiți.

În același timp, familia noastră este o sursă de sprijin, iubire și conexiune emoțională. Este important să ne simțim parte dintr-o comunitate și să avem un loc în care să ne întoarcem atunci când avem nevoie de ajutor sau susținere.Pentru a găsi un echilibru sănătos între individualitate și apartenență la familie, este important să comunicăm deschis și sincer cu membrii familiei noastre. Trebuie să le explicăm nevoile noastre, dorințele și aspirațiile noastre, astfel încât aceștia să înțeleagă de ce anumite lucruri sunt importante pentru noi. De exemplu, dacă avem o pasiune pentru artă și vrem să ne exprimăm creativitatea prin pictură sau sculptură, ar trebui să vorbim deschis cu familia noastră despre aceste interese și să le cerem sprijinul în acest sens.

În același timp, trebuie să fim deschiși și să ascultăm nevoile și dorințele celorlalți membri ai familiei noastre.

De exemplu, dacă un frate sau o soră se confruntă cu probleme în școală sau la locul de muncă, ar trebui să le oferim sprijinul nostru și să încercăm să găsim soluții împreună.

Un alt aspect important în găsirea unui echilibru între individualitate și apartenență la familie este să ne respectăm reciproc limitele și spațiile personale. Este important să ne recunoaștem nevoile individuale și să le respectăm atunci când avem nevoie de timp și spațiu pentru a ne dezvolta și a ne exprima creativitatea noastră. În același timp, trebuie să înțelegem că și ceilalți membri ai familiei noastre au nevoi și dorințe personale, care trebuie luate în considerare.

Este important să găsim modalități de a îmbina nevoile și dorințele individuale cu nevoile și dorințele familiei în ansamblu. De exemplu, putem să stabilim anumite momente în care să ne dedicăm activităților personale, cum ar fi practicarea unui hobby sau a unei pasiuni, dar să ne asigurăm că acordăm și timp suficient membrilor familiei noastre pentru a petrece timp împreună și a întări legăturile noastre.

Un alt aspect important al găsirii unui echilibru între individualitate și apartenență la familie este să ne asumăm responsabilitatea pentru acțiunile noastre și să fim conștienți de impactul pe care îl avem asupra celor din jurul nostru.

Trebuie să ne asigurăm că alegerile noastre nu afectează negativ pe cei dragi nouă și să fim sensibili la nevoile și emoțiile lor.

De exemplu, dacă luăm o decizie care poate avea un impact asupra întregii familii, ar trebui să consultăm cu toții și să luăm în considerare punctele de vedere ale tuturor. Pentru a găsi un echilibru între individualitate și apartenență la familie, trebuie să fim deschiși la compromis și să fim dispuși să lucrăm împreună pentru a menține legăturile noastre strânse și sănătoase. Este important să fim flexibili și să ne adaptăm la nevoile și dorințele celorlalți membri ai familiei noastre, în timp ce ne păstrăm identitatea și integritatea noastră ca indivizi unici. Prin comunicare deschisă, respect reciproc și colaborare, putem construi o relație solidă și echilibrată între individualitatea noastră și apartenența la familie.

"Dragostea este cea mai puternică limbă de comunicare în familie. Atunci când ne deschidem inimile și ne ascultăm reciproc, putem depăși orice neînțelegere."
- Confucius

Capitolul 3
Soluționarea conflictelor și rezolvarea neînțelegerilor în familie.

- *Tehnici eficiente de rezolvare a conflictelor în familie.*
- *Importanța compromisului și colaborării în găsirea soluțiilor la divergențele de opinie.*
- *Exemple practice de situții conflictuale și modalități de rezolvare a acestora în mod pașnic și constructiv.*

***

Conflictele și neînțelegerile în familie reprezintă o parte normală a vieții și pot apărea din diverse motive sau din diferite perspective. Este important să știm cum să le gestionăm și să le rezolvăm într-un mod pozitiv pentru a menține o relație armonioasă în familie.

Există diferite tipuri de conflict în familie, care pot fi legate de diverse aspecte precum comunicarea, diferențele de opinie, probleme financiare, decizii legate de copii sau alte probleme personale. În timp ce unele conflicte pot fi minore și pot fi rezolvate rapid, altele pot fi mai profunde și pot necesita mai mult efort pentru rezolvare.

Pentru a soluționa conflictele și neînțelegerile în familie, este important să avem în vedere câteva strategii și abordări eficiente:

• Comunicarea deschisă și sinceră. Comunicarea este cheia în rezolvarea conflictelor în familie. Este important să vorbim deschis și sincer despre problemele noastre, să ne ascultăm reciproc și să fim disponibili pentru a găsi soluții împreună. O comunicare eficientă poate ajuta la clarificarea neînțelegerilor și la găsirea unui teren comun.

De exemplu, dacă există o neînțelegere legată de cheltuielile financiare în familie, este important să avem o discuție deschisă despre prioritățile noastre și să găsim soluții care să satisfacă nevoile tuturor membrilor familiei.

• Empatia și înțelegerea. Încercarea de a vedea situația din perspectiva celuilalt și de a ne pune în locul său poate ajuta la diminuarea conflictelor și la creșterea înțelegerii reciproce. Empatia este importantă în rezolvarea conflictelor în familie, deoarece ne permite să ne conectăm cu sentimentele și nevoile celorlalți și să găsim soluții care să fie acceptate de toți.

De exemplu, dacă unul dintre părinți este supărat că copilul nu își face temele, este important să încercăm să înțelegem motivele pentru acest comportament și să găsim soluții care să îi ajute pe copil să își îmbunătățească performanțele școlare.

- Respectul reciproc.

Respectul reciprocat este esențial în rezolvarea conflictelor în familie. Este important să ne respectăm și să ne ascultăm unul pe celălalt, să nu ne jignim sau să folosim un limbaj defavorabil în discuțiile noastre. Respectul reciproc poate crea un mediu sigur și confortabil în care să putem discuta deschis și să găsim soluții pentru problemele noastre.

De exemplu, dacă un adolescent se simte nepotrivit atunci când îi sunt impuse reguli stricte de către părinți, aceștia ar trebui să îi arate respect și să încerce să găsească un compromis care să satisfacă nevoile și dorințele fiecăruia.

- Colaborarea și compromisul.

În rezolvarea conflictelor în familie, este important să fim deschiși la colaborare și la găsirea unor soluții care să beneficieze pe toți membrii familiei.

Compromisul este uneori necesar pentru a rezolva un conflict și a ajunge la un consens acceptabil pentru toți.

De exemplu, dacă există o neînțelegere între părinți și copii în legătură cu regulile din casă, este important să găsim un echilibru între limitele impuse și libertatea copiilor de a se exprima.

- Rezolvarea pașnică a conflictelor. Conflictul în familie poate deveni tensionat și poate duce la escaladarea situației într-o dispută mai mare. Este important să avem abilități de rezolvare a conflictelor și să învățăm cum să gestionăm emoțiile noastre în timpul unei dispute.

De exemplu, în loc să răspundem cu agresivitate sau să evităm conflictul, putem încerca să găsim soluții pașnice și constructive pentru a rezolva neînțelegerile în familie.

Soluționarea conflictelor și rezolvarea neînțelegerilor în familie poate fi o provocare, dar cu abordarea potrivită și cu o comunicare deschisă și sinceră, putem evita escaladarea conflictelor și putem menține o relație sănătoasă în familie. Empatia, respectul reciproc, colaborarea și rezolvarea pașnică a conflictelor sunt câteva dintre abilitățile cheie care ne pot ajuta să gestionăm disputele și să găsim soluții în interesul tuturor membrilor familiei. Conflictele în familie sunt inevitabile și pot apărea din cauza diferitelor opinii, dorințe și neînțelegeri între membrii familiei. Este important să știm cum să gestionăm aceste conflicte într-un mod eficient, astfel încât să menținem o atmosferă armonioasă și să ne îmbunătățim relațiile cu cei dragi.

Iată 10 tehncii eficiente de rezolvare a conflictelor în familie:

- Comunicare deschisă.

Comunicarea este cheia în orice relație, inclusiv în familia ta. În timpul unui conflict, este important să fii deschis și sincer cu sentimentele și gândurile tale. Ascultă cu atenție ce are de spus celălalt și exprimă-ți punctul de vedere în mod respectuos.

De exemplu, dacă ai o neînțelegere cu părinții tăi legată de programul tău zilnic, discută cu ei deschis despre motivele tale și ascultă și punctul lor de vedere. Încercați să găsiți un compromis care să satisfacă pe ambele părți.

- Păstrează o atitudine calmă.

Este important să rămâi calm și să eviți să reacționezi impulsiv în timpul unui conflict familial.

Respiră adânc și încearcă să îți păstrezi calmul pentru a putea comunica eficient și a găsi soluții în mod rațional.

De exemplu, dacă te superi pe fratele tău pentru că a stricat ceva din greșeală, încearcă să respiri adânc și să îți exprimi nemulțumirile într-un mod calm și controlat.

- Înțelegere și empatie.

Înainte de a te concentra pe propria ta perspectivă în timpul unui conflict familial, încearcă să îți pui în locul celuilalt și să încerci să înțelegi de ce a apărut acea situație conflictuală. Arată empatie față de sentimentele și perspectivele celuilalt membru al familiei.

De exemplu, dacă mama te critică mereu pentru că nu îți faci temele, încearcă să îți pui în locul ei și să înțelegi că își face griji pentru viitorul tău și pentru educația ta.

- Găsirea unui teren comun.

În timpul unui conflict familial, încearcă să găsești un teren comun cu ceilalți membri ai familiei pentru a putea lucra împreună la rezolvarea problemei. Identifică punctele de convergență și încearcă să găsești soluții care să satisfacă pe toată lumea.

De exemplu, dacă ai o discuție cu sora ta legată de împărțirea camerelor, stabiliți împreună niște reguli clare și echitabile care să fie în avantajul ambelor părți.

- Respingerea blamării și judecății.

Evită să îl judeci sau să îl acuzi pe celălalt membru al familiei în timpul unui conflict. Este important să îți exprimi nemulțumirile fără să îl acuzi pe celălalt de greșeli sau să îl faci responsabil pentru situație.

De exemplu, în loc să spui "Tu ești mereu neatent și distrugi totul!", încearcă să spui "Mă simt frustrat când se întâmplă astfel de situații și aș aprecia mai multă atenție din partea ta."

- Rezolvarea problemelor în mod constructiv.

În timpul unui conflict familial, concentrează-te pe rezolvarea problemelor în mod constructiv și pe găsirea soluțiilor care să îmbunătățească relațiile cu ceilalți membri ai familiei.

De exemplu, dacă ai o neînțelegere cu părinții tăi legată de cheltuirea banilor, propune soluții constructive și stiluri de gestionare a banilor care să fie benefice pentru toată familia.

- Învățarea să renunți la orgoliu.

Uneori, este important să renunți la orgoliu și ego în timpul unui conflict familial pentru a putea găsi soluții și compromisuri care să fie în avantajul tuturor. Fii dispus să îți recunoști greșelile și să îți ceri scuze atunci când este necesar.

De exemplu, dacă ai avut o ceartă cu fratele tău și recunoști că ai exagerat, fii dispus să îți ceri scuze și să îți recunoști greșelile pentru a putea repara relația voastră.

- Setarea limitelor sănătoase.

Într-o familie, este important să setezi limite sănătoase și să comunici deschis și clar care sunt așteptările tale și ale celorlalți membri ai familiei. Stabilește reguli și limite care să creeze un mediu armonios în care fiecare să se simtă respectat și înțeles.

De exemplu, dacă ai o neînțelegere cu părinții tăi legată de timpul petrecut cu prietenii, discută cu ei despre limitele tale și găsiți un comun acord în privința regulilor de socializare.

- Căutarea de soluții creative.

În timpul conflictelor familiale, încearcă să fii deschis și creativ în ceea ce privește găsirea de soluții.

Explorează diferite idei și modalități de rezolvare a conflictului pentru a găsi cea mai bună variantă pentru toată familia.

De exemplu, dacă există tensiuni în familie legate de activitățile de weekend, găsiți împreună modalități creative de petrecere a timpului liber care să satisfacă pe toată lumea.

- Angajamentul pentru dezvoltarea personală.

În final, este important să fii deschis și să îți asumi responsabilitatea pentru propriile acțiuni și comportamente în timpul unui conflict familial. Fii dispus să înveți din experiențele trecute și să te dezvolți personal pentru a evita conflictele în viitor și a-ți îmbunătăți relațiile cu ceilalți membri ai familiei.

De exemplu, reflectează asupra conflictelor anterioare din familie și identifică ce anume ai putea îmbunătăți la tine pentru a evita astfel de situații în viitor.

Gestionarea conflictelor în famiie este un proces complex și necesită răbdare, înțelegere și angajament din partea tuturor membrilor. Utilizând aceste 10 tehnici eficiente de rezolvare a conflictelor în familie, vei putea să îţi îmbunătăţeşti relaţiile cu cei dragi şi să menţii o atmosferă armonioasă în cadrul familiei tale.

În viaţa noastră de zi cu zi, nu putem evita întâlnirea cu diferite opinii şi puncte de vedere divergente. Fie că este vorba despre decizii personale, profesionale sau politice, este inevitabil să avem confruntări de idei şi să avem de rezolvat situaţii în care două sau mai multe părţi nu sunt de acord. În astfel de situaţii, este esenţial să fim deschişi la compromisuri şi să colaborăm pentru a găsi soluţii care să satisfacă toate părţile implicate.

Compromisul şi colaborarea sunt două elemente-cheie în rezolvarea conflictelor şi în evitarea escaladării acestora către nivele mai ridicate. Atunci când avem opinii diferite sau când ne confruntăm cu o diferenţă de puncte de vedere, este important să ne amintim că fiecare persoană are propriile valori, experienţe şi perspectivă asupra lucrurilor. Prin urmare, este normal să avem opinii diferite şi să avem dificultăţi în a ajunge la un consens.

Compromisul presupune că fiecare parte este dispusă să renunțe parțial la propriile interese sau convingeri pentru a ajunge la o soluție comună. Este important să înțelegem că compromisul nu înseamnă neapărat să renunțăm în totalitate la ceea ce credem sau dorim, ci mai degrabă să fim flexibili și să căutăm soluții care să țină cont de interesele tuturor părților implicate. Este un proces în care trebuie să fim dispuși să ascultăm și să fim empatici față de ceilalți, să avem deschidere către noi perspective și să fim capabili să găsim soluții creative și echitabile. Colaborarea, pe de altă parte, presupune lucrul împreună pentru a atinge un obiectiv comun. Este esențial să putem lucra în echipă și să avem capacitatea de a comunica eficient, de a delega responsabilități și de a ne sprijini reciproc. Prin colaborare, putem combina resursele, ideile și abilitățile noastre pentru a găsi cele mai bune soluții la problemele cu care ne confruntăm.

Este important să încurajăm schimbul de idei, să ne folosim de forțele fiecărei persoane și să ne concentrăm pe obiectivul comun pe care îl avem de atins.

Atunci când reușim să găsim un echilibru între compromis și colaborare, putem obține rezultate remarcabile.

Să vedem, de exemplu, cum aceste două elemente pot fi aplicate în diverse domenii ale vieții noastre:

- În relațiile interpersonale:

în cadrul unei relații de cuplu sau a unei prietenii, este important să fim dispuși să facem compromisuri și să colaborăm pentru a rezolva eventualele neînțelegeri sau conflicte. Prin comunicare deschisă și sinceră, putem identifica cauzele diferendelor noastre și să găsim soluții care să satisfacă nevoile și dorințele fiecăruia.

- În mediul profesional:

în cadrul unei echipe de lucru sau în relația cu colegii și superiorii, este esențial să fim capabili să colaborăm și să facem compromisuri pentru a atinge obiectivele comune. Prin delegarea responsabilităților, comunicare eficientă și împărtășirea ideilor, putem rezolva problemele și să obținem rezultate remarcabile în cadrul organizației.

- În politică:

în cadrul unui sistem democratic, este important să avem capacitatea de a face compromisuri și de a colabora pentru a găsi soluții la problemele cu care se confruntă societatea. Prin dialog deschis și negociere, putem ajunge la consensuri care să servească interesul comunității și să promoveze o bună guvernare.

Compromisul și colaborarea sunt elemente esențiale în găsirea soluțiilor la divergențele de opinie. Prin flexibilitate, comunicare eficientă și lucru în echipă, putem rezolva conflictele și să ajungem la acorduri care să satisfacă toate părțile implicate. Să fim deschiși la compromisuri și să colaborăm pentru a construi un mediu mai armonios și echitabil pentru toți.

În viața de zi cu zi, este inevitabil să întâlnim situații conflictuale cu cei din jurul nostru. Aceste conflicte pot apărea în diverse contexte, fie că este vorba despre relații interpersonale, la locul de muncă, în familie sau în orice alt mediu social. Modul în care gestionăm aceste conflicte poate avea un impact semnificativ asupra relațiilor noastre și asupra stării noastre de bine.

Iată 10 exemple practice de situații conflictuale și modalități de rezolvare a acestora în mod pașnic și constructiv:

- Conflictul cu partenerul de viață.

Imaginează-ți că te afli într-un conflict cu partenerul tău de viață, pentru că acesta nu împarte responsabilitățile casnice în mod echitabil. În loc să acuzi și să reproșezi, încearcă să îți exprimi sentimentele și nevoile într-un mod calm și empatic. Poți folosi tehnica "eu" în loc de "tu", astfel încât să eviți să îl acuzi direct și să îl faci defensiv. De exemplu, spune "Mă simt copleșit(ă) și obosit(ă) când simt că trebuie să fac totul singur(ă) în casă" în loc de "Tu nu faci nimic pentru casă!".

- Conflictul la locul de muncă.

Să presupunem că ai un coleg de muncă cu care nu te înțelegi și care îți sabotează constant munca. În loc să intri într-un război deschis cu el, încearcă să îi adresezi o discuție constructivă. Ai putea spune ceva de genul: "Am observat că nu reușim să lucrăm eficient împreună și cred că ar fi util să discutăm despre asta pentru a găsi o soluție care să fie benefică pentru amândoi".

- Conflictul cu un prieten.

Dacă te afli într-un conflict cu un prieten din cauza unei neînțelegeri sau a unor cuvinte spuse într-un moment tensionat, încearcă să îți exprimi sincer și deschis sentimentele tale. Poți spune ceva de genul: "M-am simțit rănit(ă) atunci când ai spus acel lucru și cred că ar fi bine să discutăm despre asta pentru a ne înțelege reciproc și pentru a ne reconcilia".

- Conflictul în familie.

În cadrul unei familii, pot apărea frecvent conflicte legate de diferențe de opinii sau de nevoi neîmplinite. Pentru a gestiona aceste conflicte, este important să fii deschis la dialog și să încerci să îți pui în locul celorlalți. *De exemplu*, "Înțeleg că pentru tine este important să petreci mai mult timp împreună ca familie".

- Conflictul în grupuri de prieteni.

În cadrul unui grup de prieteni, pot apărea situații conflictuale legate de priorități diferite sau de dorințe neîndeplinite. Pentru a rezolva aceste conflicte, este important să fii empatic și să asculți cu atenție punctele de vedere ale celorlalți.

Poți organiza o discuție deschisă și să îi încurajezi pe toți să își exprime opiniile într-un mod respectuos.

- Conflictul cu un coleg de școală.

În mediul școlar, este posibil să te afli în situații conflictuale cu un coleg de clasă din diverse motive, cum ar fi invidie, gelozie sau neînțelegere. Pentru a rezolva un astfel de conflict, încearcă să îi adresezi colegului tău o discuție sinceră și empatică. Poți spune ceva de genul: "Am observat că există unele tensiuni între noi și cred că ar fi bine să vorbim despre asta pentru a găsi o soluție care să fie benefică pentru amândoi."

- Conflictul cu un vecin.

Dacă te afli într-un conflict cu un vecin din cauza zgomotelor sau a altor deranjamente, este important să abordezi situația cu calm și cu dorința de a ajunge la o soluție pașnică. Poți încerca să îți exprimi nemulțumirea într-un mod direct, dar respectuos.

De exemplu, "Mă deranjează foarte mult zgomotul făcut seara târziu și aș aprecia dacă am putea găsi o soluție pentru a rezolva această problemă".

- Conflictul cu un șef.

În cazul în care te afli într-un conflict cu un superior ierarhic la locul de muncă, este important să îți păstrezi calmul și să fii pregătit să îți exprimi punctul de vedere într-un mod profesionist. Poți încerca să îi adresezi șefului tău o discuție constructivă, în care să îi prezinți argumentele tale în mod clar și coerent.

- Conflictul în cadrul unei echipe de proiect. Într-o echipă de proiect, este posibil să apară conflicte legate de metodele de lucru, de distribuirea sarcinilor sau de diferențe de abordare. Pentru a gestiona aceste conflicte, este important să încurajezi comunicarea deschisă și colaborarea între membrii echipei. Poți organiza o ședință de brainstorming pentru a găsi soluții creative și benefice pentru toți.
- Conflictul cu un client sau partener de afaceri.

În cazul în care te afli într-un conflict cu un client sau cu un partener de afaceri, este important să îți păstrezi profesionismul și să încerci să găsești o soluție care să fie satisfăcătoare pentru ambele părți. Poți încerca să îți exprimi deschis și sincer punctul de vedere și să fii deschis la compromisuri pentru a rezolva conflictul în mod constructiv.

"Nu contează cât de mult te certi cu cei dragi, important este să depășești neînțelegerile și să rămâi alături de ei în momentele dificile."

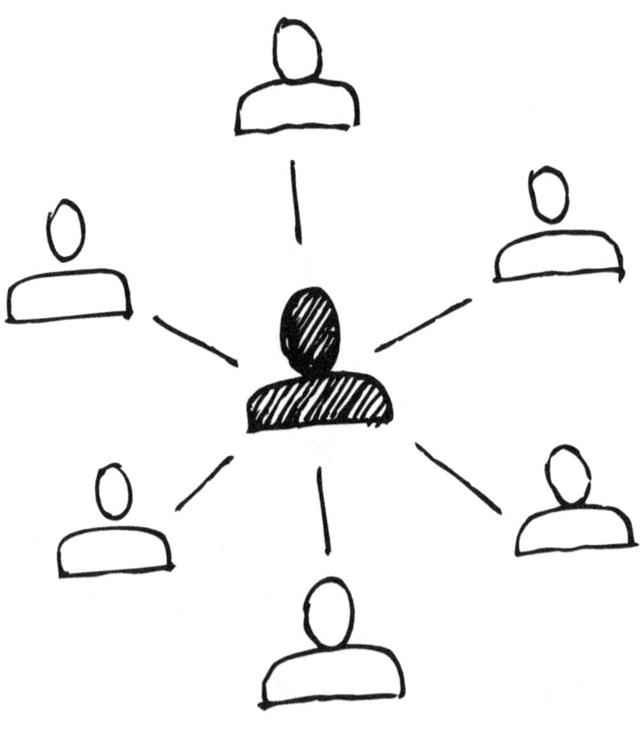

Capitolul 4

Construirea unei relații armonioase în familie.

- *Cum să cultivi comunicarea și înțelegerea reciprocă în relațiile familiale.*
- *Importanța petrecerii timpului de calitate împreună și găsirea unor activități comune.*
- *Cum să îți dezvolți abilitățile de rezolvare a problemelor și negocieri pentru a menține armonia în relațiile familiale.*

***

O familie armonioasă este unul dintre cele mai prețioase lucruri din viața noastră. Este locul unde găsim dragoste, înțelegere, sprijin și bucurie. Construirea unei relații armonioase în cadrul familiei este un proces continuu care necesită efort și dedicare din partea tuturor membrilor. În acest articol, vom explora câteva aspecte importante care contribuie la o relație sănătoasă în familie și vom oferi câteva sfaturi practice pentru a consolida legăturile dintre membrii unei familii.

Comunicarea este cheia.

Comunicarea este fundamentul unei relații sănătoase în familie. Este important să ne exprimăm deschis sentimentele, gândurile și nevoile noastre și să fim dispuși să ascultăm și să înțelegem punctele de vedere ale celorlalți. O comunicare deschisă și sinceră facilitează rezolvarea conflictelor, promovează înțelegerea reciprocă și consolidează legăturile afective dintre membrii familiei.

Este important să fim atenți la modul în care comunicăm între noi. Limbajul dur, criticile dure și reproșurile permanente pot deteriora relațiile și pot crea tensiuni între membrii familiei. Încurajați-vă unul pe altul să vă exprimați în mod pașnic și respectuos și să evitați conflictele aprinse și discuțiile agresive.

Petreceți timp împreună.

Un alt aspect important în construirea unei relații armonioase în familie este timpul petrecut împreună. Viața cotidiană agitată și responsabilitățile multiple pot crea distanțe între membrii familiei și pot diminua legăturile afective dintre aceștia. Este important să găsiți timp să vă bucurați de compania celor dragi și să creați amintiri frumoase împreună.

Organizați activități de familie regulate, cum ar fi cinele în familie, plimbările în parc sau seri de jocuri în familie. Aceste momente petrecute împreună vă vor ajuta să vă apropiați unul de celălalt și să consolidați relațiile din cadrul familiei.

Rezolvați conflictele în mod constructiv. Conflictele sunt inevitabile în orice relație, inclusiv în relațiile din cadrul familiei. Este important să abordăm conflictul în mod constructiv și să căutăm soluții care să fie satisfăcătoare pentru toți membrii familiei. Înainte de a aborda un conflict, încercați să vă gândiți la ceea ce vreți să spuneți și la modul în care vă puteți exprima în mod clar și pașnic. Ascultați punctul de vedere al celuilalt și încercați să găsiți un compromis care să fie acceptabil pentru ambele părți. Evitați reproșurile și acuzele reciproce și centrați-vă pe găsirea unei soluții care să fie benefică pentru toți membrii familiei.

Construiți încrederea și respectul reciproc. Încrederea și respectul reciproc sunt două elemente esențiale în orice relație de succes. Construirea acestor elemente în cadrul familiei necesită timp, dedicare și efort din partea tuturor membrilor.

Este important să ne ținem promisiunile, să fim sinceri și onești și să respectăm spațiul personal și nevoile celorlalți membri ai familiei. Evitați minciunile, trădările și comportamentele nepotrivite care pot eroda încrederea și respectul în cadrul familiei și încurajați-vă unul pe altul să fiți autentici și sinceri în relațiile voastre.

Încurajați și susțineți-vă reciproc.
Unul dintre cele mai importante aspecte ale unei relații armonioase în familie este susținerea și încurajarea reciprocă. Fie că este vorba de realizările personale sau profesionale ale unui membru al familiei, este important să îi susținem și să îi încurajăm în eforturile lor.
Încurajările și aprecierile sincere pot avea un impact pozitiv asupra stimei de sine și încrederii în sine a celorlalți membri ai familiei și pot întări legăturile dintre aceștia.
Încercați să fiți o sursă de inspirație și susținere pentru ceilalți membri ai familiei și să îi încurajați în demersurile lor personale și profesionale.

Acceptați și apreciați diferențele dintre membrii familiei.
Fiecare membru al familiei este unic, cu propriile sale calități, defecte și trăsături distinctive. Este important să acceptăm și să apreciem diferențele dintre noi și ceilalți membri ai familiei și să ne concentrăm pe calitățile și valorile pe care le împărtășim.
Evitați comparațiile nesănătoase și judecările

critice și încurajați diversitatea și individualitatea fiecărui membru al familiei. Încurajați-i pe ceilalți să își exprime în mod liber personalitatea și trăsăturile distinctive și să se simtă acceptați și apreciați pentru ceea ce sunt.

Consolidați relațiile prin iubire și înțelegere. Iubirea și înțelegerea sunt pilonii esențiali ai unei relații armonioase în familie. Este important să ne exprimăm în mod constant iubirea și sprijinul față de cei dragi și să manifestăm înțelegere și empatie în fața nevoilor și emoțiilor acestora.

Fie că este vorba de un zâmbet cald, de un gest de afecțiune sau de un cuvânt de încurajare, fiecare expresie de iubire și înțelegere poate întări legăturile dintre membrii familiei și poate contribui la creșterea stimei de sine și a încrederii în sine a acestora. Nu uitați să vă arătați recunoștința și aprecierea față de cei dragi și să le oferiți sprijinul și înțelegerea de care au nevoie pentru a crește și a se dezvolta în mod armonios.Construirea unei relații armonioase în familie este un proces continuu care necesită efort și dedicare din partea tuturor membrilor.

Construirea unei relații armonioase în familie este un proces continuu care necesită efort și dedicare din partea tuturor membrilor. Prin îmbinarea comunicării deschise, petrecerea timpului împreună, rezolvarea conflictelor în mod constructiv, construirea încrederii și respectului reciproc, încurajarea și susținerea reciprocă, acceptarea și aprecierea diferențelor dintre membrii familiei și manifestarea iubirii și înțelegerii în relația cu ceilalți, putem consolida legăturile afective și întări relațiile din cadrul familiei.

Amintiți-vă că fiecare membru al familiei are un rol important în menținerea unei atmosfere pozitive, armonioase și echilibrate în cadrul familiei și că relațiile sănătoase se construiesc cu răbdare, înțelegere și compasiune. Investiți timp și energie în relațiile cu cei dragi și bucurați-vă de beneficiile unei familii unite, iubitoare și înțelegătoare.

Comunicarea și înțelegerea reciprocă joacă un rol extrem de important în relațiile familiale sănătoase. Aceste aspecte sunt esențiale pentru ca membrii unei familii să se simtă apropiați, conectați și îndepliniți în relațiile lor.

Cultivarea unei comunicări eficiente și a unei înțelegeri profunde între membrii unei familii necesită implicare, răbdare și deschidere din partea tuturor. În acest ghid, vom explora câteva strategii și sfaturi utile pentru a îmbunătăți comunicarea și înțelegerea reciprocă în cadrul familiei tale.

- Ascultarea activă.

Ascultarea activă este un element cheie în comunicarea eficientă. Este important să oferi atenție deplină și să arăți interes atunci când cineva îți vorbește. Aceasta înseamnă să te concentrezi pe ce spune celălalt în loc să te gândești la ce ai vrea să spui tu sau la alte lucruri. Fă contact vizual, asigură-te că înțelegi ce se spune și exprimă-ți interesul prin întrebări sau confirmări periodice. Ascultarea activă demonstrează respect și susținere față de celălalt și contribuie la creșterea înțelegerii reciproce în familie.

- Comunicarea non-verbală.

Comunicarea non-verbală este la fel de importantă ca și cea verbală în relațiile familiale. Gesturile, expresiile faciale, tonul vocii și contactul fizic pot oferi multe informații despre starea de spirit și intențiile unei persoane. Învață să fii atent la aceste semnale non-verbale atât atunci când comunici, cât și atunci când îi asculți pe ceilalți. Fii conștient de propriile tale gesturi și exprimări non-verbale pentru a asigura o comunicare cât mai clară și autentică în familie.

- Exprimarea onestă a gândurilor și sentimentelor.

Pentru a îmbunătăți comunicarea în familie, este esențial să fii sincer și deschis în exprimarea gândurilor și sentimentelor tale. Evită să te ascunzi sau să interpretezi așteptările celorlalți. În loc de asta, găsește curajul de a-ți exprima în mod direct ceea ce simți și ceea ce gândești. Reține că este important să fii empatic și să îți exprimi opinia într-un mod respectuos și înțelegător. O comunicare deschisă și onestă construiește încredere și conexiuni puternice între membrii unei familii.

- Rezolvarea conflictelor în mod constructiv.

Conflictele sunt inevitabile în orice relație, inclusiv în cadrul familial. Este important să abordezi conflictele cu calm, răbdare și deschidere către soluționare. Ascultă punctul de vedere al celuilalt, încercând să îți pui în locul său, și încercați să găsiți împreună o soluție care să fie acceptabilă pentru ambele părți.

Evită jigniri, reproșuri sau atacuri personale și îndreaptă discuția către soluții practice și constructive. Rezolvarea conflictelor în mod matur și responsabil contribuie la creșterea legăturii și a înțelegerii reciproce în familie.

- Petrecerea timpului împreună.

Un alt aspect important al relațiilor familiale sănătoase este petrecerea timpului împreună. Când membrii unei familii își dedică timpul unul altuia, se creează ocazii pentru a comunica, a construi amintiri și a întări legăturile afective. Planifică activități pe care să le faci împreună ca familie, cum ar fi mersul la picnic, jocurile de societate sau plimbările în natură. Petrecerea timpului împreună aduce bucurie și conectare în familie, consolidând relațiile și întărind înțelegerea reciprocă.

- Practicarea empatiei și compasiunii.

Empatia și compasiunea sunt calități esențiale în construirea relațiilor sănătoase și armonioase. Înțelegerea și acceptarea emoțiilor și perspectivelor celuilalt, chiar dacă sunt diferite de ale tale, contribuie la creșterea înțelegerii reciproce și a toleranței în familie. Practică empatia ascultând cu atenție, fiind deschis la experiențele și sentimentele celorlalți și oferindu-ți sprijinul și susținerea în momentele dificile. Empatia și compasiunea întăresc legăturile familiale și încurajează o comunicare autentică și autentică.

- Setarea limitelor și respectarea spațiului personal.

În cadrul relațiilor familiale, este important să setezi limite clare și să respecți spațiul personal al celorlalți. Fiecare membru al familiei are nevoi, preferințe și limite individuale, iar respectarea acestora este esențială pentru o comunicare sănătoasă și armonioasă. Stabilește reguli clare privind comunicarea, interacțiunea și spațiul personal și asigură-te că toți membrii familiei le înțeleg și le respectă. Respectul pentru limitele și spațiul personal al celorlalți promovează un mediu de înțelegere și sprijin în cadrul familiei.

- Încurajarea responsabilității individuale și a colaborării.

În cadrul familiei, este important ca fiecare membru să își asume responsabilitatea pentru propriile acțiuni și comportamente. Promovează autonomia și independența la nivel individual, încurajând fiecare membru să își exprime nevoile și să își asume responsabilitatea pentru îndeplinirea lor.

În același timp, promovează colaborarea și sprijinul reciproc între membrii familiei în activități și decizii comune. Responsabilitatea individuală și colaborarea eficientă întăresc legăturile familiale și încurajează o comunicare sănătoasă și eficientă.

- Comunicarea pozitivă și aprecierea reciprocă.

Un aspect crucial al unei comunicări sănătoase în familie este practicarea unei atitudini pozitive și a aprecierii reciproc. Încurajează comunicarea cuvintelor sincere de recunoaștere, apreciere și încurajare între membrii familiei. Exprimă-ți recunoștința pentru contribuția și implicarea celorlalți în viața ta și arată-ți sprijinul și susținerea în momente de dificultate. Comunicarea pozitivă și aprecierea reciprocă construiește încredere, afecțiune și respect în cadrul familiei, consolidând legăturile și îmbunătățind comunicarea.

- Încurajarea exprimării și rezolvării conflictelor.

Conflictul este un aspect natural al relațiilor interumane și este important să încurajezi deschiderea în a exprima și a rezolva conflictele în familie. Nu te teme să aduci în discuție neînțelegerile sau tensiunile între membrii familiei și încurajează deschiderea și sinceritatea în găsirea unor soluții acceptabile pentru toți. Ascultă cu atenție și fără judecată punctele de vedere ale celorlalți și găsiți împreună modalități de a depăși conflictele și de a învăța din ele. Rezolvarea constructivă a conflictelor promovează o comunicare sănătoasă, un respect reciproc și o înțelegere mai profundă în cadrul familiei.

- Acordarea priorității relațiilor interpersonale

În cadrul familiei, relațiile interpersonale sunt esențiale pentru bunăstarea și fericirea membrilor săi. Acordă prioritate relațiilor cu cei dragi, investind timp și efort în construirea și menținerea acestora. Fii prezent și implicat în viața celorlalți, ascultându-i și cunoscându-i mai bine, și manifestându-ți afecțiunea și sprijinul în mod constant. Relațiile interpersonale sănătoase întăresc legăturile familiale, promovează conexiunea și empatia între membrii familiei și susțin o comunicare autentică și constructivă.

Comunicarea și înțelegerea reciprocă sunt fundamentale pentru relațiile sănătoase și armonioase în cadrul familiei.

Prin practicarea ascultării active, exprimării oneste a gândurilor și sentimentelor, rezolvării conflictelor în mod constructiv, încurajării compasiunii și empatiei, setării limitelor și respectării spațiului personal, colaborării și responsabilității individuale, comunicării pozitive și aprecierii reciproce, rezolvării și exprimării conflictelor, acordând prioritate relațiilor interpersonale, membrii unei familii pot construi o conexiune puternică, bazată pe încredere, respect și afecțiune. Practicarea acestor strategii și calități aduce împlinire și satisfacție în relația familiei și contribuie la o atmsoferă de armonie, sprijin și iubire în cadrul acesteia. Timpul petrecut împreună cu cei dragi este extrem de important pentru sănătatea și fericirea noastră.

Este momentul în care ne putem conecta cu cei din jurul nostru, să ne relaxăm și să creăm amintiri frumoase împreună. Găsirea activităților comune este o modalitate minunată de a întări relațiile și de a ne bucura de prezența celor dragi.Atunci când petrecem timp de calitate împreună, avem posibilitatea să ne cunoaștem mai bine unii pe alții și să creăm legături puternice.

Putem discuta despre problemele noastre, să ne sprijinim reciproc și să ne simțim apreciați. Aceste momente ne ajută să ne simțim valoroși și iubiți, ceea ce contribuie la starea noastră de bine.

Activitățile comune pot fi diverse și nu este nevoie să fie ceva complex sau scump. Poate fi o simplă plimbare în parc, o cină în familie sau chiar o seară de jocuri de masă. Ceea ce contează cu adevărat este să fim prezenți, să ne implicăm și să ne distrăm împreună.

Mai mult decât atât, petrecerea timpului de calitate împreună ne ajută să reducem stresul și să ne relaxăm. Odată ce ne deconectăm de la problemele zilnice și ne concentrăm doar unii pe alții, ne putem simți mai ușurați și mai fericiți. Este important să ne acordăm aceste momente de relaxare pentru a ne încărca bateriile și a ne revitaliza.

De asemenea, activitățile comune ne pot ajuta să ne dezvoltăm abilitățile de comunicare și de colaborare. Atunci când lucrăm împreună la un proiect sau jucăm un joc în echipă, învățăm să ne ascultăm și să ne susținem reciproc. Aceste abilități sunt esențiale în relațiile noastre și ne pot ajuta să navigăm mai ușor prin conflict și să rezolvăm problemele într-un mod constructiv.

În plus, petrecerea timpului de calitate împreună poate aduce o serie de beneficii pentru sănătatea noastră mentală și emoțională. Studiile au arătat că interacțiunea socială poate reduce riscul de depresie și anxietate, îmbunătățindu-ne starea de spirit și stimulând producția de hormoni de fericire. De asemenea, conexiunile sociale puternice au fost asociate cu un sistem imunitar mai puternic și o viață mai lungă.

Nu trebuie să uităm nici de beneficiile fizice ale petrecerii timpului de calitate împreună. De exemplu, plimbările în aer liber sau activitățile sportive pot îmbunătăți sănătatea inimii noastre, să ne ajute să ne menținem în formă și să ne ofere un stimul de energie.

Este important să ne încurajăm unii pe alții să facem alegeri sănătoase și să ne susținem reciproc în adoptarea unui stil de viață activ și echilibrat.

Petrecerea timpului de calitate împreună și găsirea unor activități comune sunt cruciale pentru fericirea și sănătatea noastră. Nu contează ce facem sau cât timp petrecem împreună, ci calitatea momentelor pe care le trăim alături de cei dragi. Este important să ne facem timp pentru a fi cu cei dragi, să ne conectăm și să ne bucurăm de prezența lor. Așa că nu mai stați pe gânduri, ieșiți afară, invitați-vă prietenii sau familia și petreceți timp de calitate împreună. Veți descoperi că aceste momente vă vor aduce o mulțime de bucurii și vor consolida relațiile voastre într-un mod minunat.

Pentru a dezvolta abilitățile de rezolvare a problemelor și negocieri în relațiile familiale, este important să fii deschis la comunicare și să fii dispus să găsești soluții care să satisfacă toate părțile implicate. Iată câteva sfaturi și strategii care te pot ajuta să menții armonia în relațiile familiale:

- Ascultă cu atenție.

Una dintre cele mai importante abilități în rezolvarea problemelor este ascultarea cu atenție. Este important să îți faci timp să asculți cu atenție ce are de spus celălalt membru al familiei și să încerci să îți pui în locul său pentru a înțelege perspectiva sa.

De exemplu, dacă unul dintre copii tăi se plânge că nu primește suficientă atenție din partea ta, ascultă cu atenție și încearcă să înțelegi care este nevoia lui reală. Poate că este vorba doar de dorința de a petrece mai mult timp împreună sau de a te implica mai mult în activitățile sale.

- Fii empatic.

Empatia este o abilitate esențială în negociere și rezolvarea problemelor. Încercând să înțelegi sentimentele și punctul de vedere al celorlalți, vei putea găsi soluții care să țină cont de nevoile și interesele tuturor membrilor familiei.

De exemplu, dacă partenerul tău îți reproșează că nu îți faci destul timp pentru el sau pentru activități comune, încearcă să îți pui în locul său și să îți dai seama de ce anume este nemulțumit. Poate că își dorește mai multă atenție și implicare din partea ta sau comunicarea mai deschisă între voi.

- Găsește soluții câștigătoare pentru toți.

În rezolvarea problemelor și negociere, este important să cauți soluții câștigătoare pentru toți membrii familiei. Acest lucru înseamnă să găsești compromisuri și soluții care să satisfacă nevoile și interesele tuturor, fără să sacrifice nevoile și interesele altora.

De exemplu, dacă doi dintre copiii tăi se ceartă pentru același jucărie și nu reușesc să ajungă la un acord, poți propune o soluție care să satisfacă pe amândoi, precum împărțirea jucăriei în mod egal sau rotirea jucăriei între ei.

- Comunică deschis și respectuos.

O comunicare deschisă și respectuoasă este cheia în rezolvarea problemelor și negocieri în relațiile familiale. Încurajează membrii familiei să își exprime nevoile, dorințele și sentimentele într-un mod respectuos și fără jigniri sau reproșuri.

De exemplu, dacă ai o dispută cu partenerul tău legată de cheltuielile familiei, discutați deschis și respectuos despre bugetul vostru și despre prioritățile financiare ale familiei. Ascultă cu atenție sugestiile și propunerile celuilalt și încercați să găsiți împreună soluții care să satisfacă pe amândoi.

- Găsiți soluții înainte de a deveni probleme

Un alt mod eficient de a menține armonia în relațiile familiale este să anticipați și să preveniți problemele înainte ca acestea să devină conflictuale. Discutați în avans despre posibilele provocări sau situații tensionate și găsiți împreună soluții sau strategii pentru a le evita sau gestiona în mod eficient.

De exemplu, dacă știți că vacanța de Crăciun poate fi un moment stresant din cauza planificării și a cheltuielilor suplimentare, discutați anticipat despre modul în care veți gestiona bugetul pentru cadouri.

- Negociază cu calm și răbdare.

Negocierea în relațiile familiale poate fi uneori provocatoare, dar este important să rămâi calm și răbdător în discuțiile cu cei dragi. Evită să te lași prins într-un ciclu nesfârșit de reproșuri și să te implici în discuții inutile sau tensionate.

De exemplu, dacă aveți un dezacord cu un alt membru al familiei în legătură cu împărțirea sarcinilor casnice sau cu programul de trezire al copiilor, abordați subiectul calm și răbdător și încercați să găsiți împreună o soluție care să fie echitabilă pentru toți.

- Învățați să recunoașteți când greșiți.

Un alt aspect important în rezolvarea problemelor și negocieri în relațiile familiale este capacitatea de a recunoaște când greșești și de a fi dispus să îți ceri scuze și să repari greșelile făcute. Este important să fii deschis la feedback și să înveți din experiențe pentru a evita conflictele viitoare.

> *De exemplu*, dacă ai reacționat impulsiv într-o discuție cu partenerul tău sau ai făcut promisiuni pe care nu le-ai putut ține, recunoaște-ți greșelile și încearcă să repari situația. Fii sincer și deschis în comunicarea cu cei dragi și arată că îți pasă de relația voastră.

- **Implică copiii în procesul de negociere.**
În procesul de rezolvare a problemelor și negocieri în familie, este important să implici și copiii în discuțiile și deciziile importante pentru a le oferi oportunitatea de a învăța să comunice și să găsească soluții eficiente în relațiile interpersonale.

De exemplu, dacă unul dintre copiii tăi se plânge că ceilalți copii nu îi împărtășesc jucăriile sau nu îl lasă să participe la anumite activități, implicați-i pe toți copiii într-o discuție deschisă și întrebă-i cum ar putea rezolva situația în mod eficient și echitabil pentru toți.

- **Găsiți timp pentru activități comune și de relaxare.**

Pentru a menține armonia în relațiile familiale, este important să găsiți timp pentru activități comune și de relaxare care să vă aducă împreună și să consolideze legăturile afective dintre membrii familiei. Petreceți timp de calitate împreună și creați amintiri frumoase care să vă aducă bucurie și unitate în familie.

De exemplu, puteți organiza seri de film în familie, plimbări în natură sau activități creative care să vă permită să vă relaxați și să vă bucurați de timpul petrecut împreună.

Este important să nu lăsați stresul și rutina să vă afecteze relația și să vă concentrați pe momentele frumoase și pline de bucurie.

• Cereti ajutor atunci când aveți nevoie. Dacă nu reușiți să rezolvați singuri anumite probleme sau conflicte în familie, nu ezitați să cereți ajutor din partea unui specialist în comunicare sau terapeut de familie. Un expert vă poate ajuta să identificați problemele, să găsiți soluții eficiente și să vă consiliați în dezvoltarea abilităților de comunicare și negociere.

De exemplu, dacă aveți dificultăți în comunicarea cu partenerul vostru sau în gestionarea conflictelor dintre copiii voștri, puteți apela la un consilier sau terapeut de familie pentru a vă oferi suport și îndrumare în rezolvarea problemelor și îmbunătățirea relațiilor în familie.

Dezvoltarea abilităților de rezolvare a problemelor și negocieri în relațiile familiale este esențială pentru menținerea armoniei și fericirii în familie. Prin ascultare activă, empatie, comunicare deschisă și respectuoasă, găsirea soluțiilor câștigătoare pentru toți și implicarea copiilor în procesul de negociere, veți putea consolida legăturile afective dintre membrii familiei și să vă bucurați de relații sănătoase și armonioase. Nu ezitați să cereți ajutor atunci când aveți nevoie și să investiți timp și efort în dezvoltarea abilităților de comunicare și negociere pentru a avea o relație fericită și echilibrată în familie.

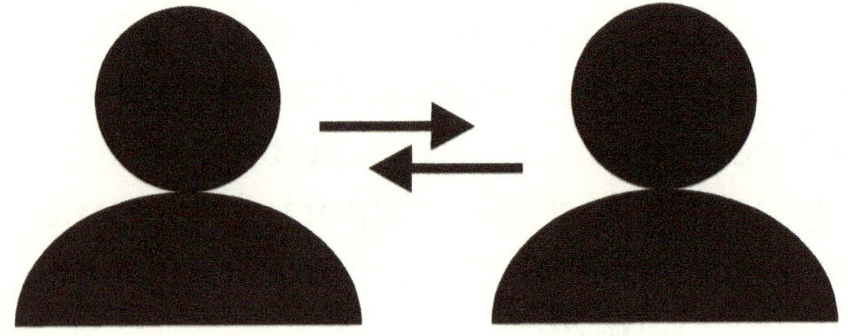

Capitolul 5

Suportul și iubirea în familie.

- *Importanța sprijinului emoțional și al iubirii necondiționate în relațiile familiale.*
- *Cum să îți oferi și să primești sprijin din partea celor dragi în momentele dificile.*
- *Importanța exprimării iubirii și afecțiunii față de ceilalți membri ai familiei.*
- *Cum să îți menții relațiile familiale puternice și să îți construiești un sprijin solid și de nădejde în viața de zi cu zi.*

***

Familia este cel mai important pilon al unei persoane. Este locul unde ne simțim în siguranță, unde ne simțim iubiți și apreciați. Este acolo unde învățăm să iubim și să fim iubiți, să ne dezvoltăm și să ne creștem. Suportul și iubirea din familia noastră ne ajută să facem față la greutățile vieții și să ne simțim înțeleși și acceptați.

Unul dintre cele mai frumoase aspecte ale unei familii este suportul pe care îl oferă. Fie că este vorba despre suport emoțional, financiar sau logistic, familia este mereu acolo pentru a ne ajuta când avem nevoie. Dacă trecem printr-o perioadă dificilă sau avem nevoie de sfaturi, putem conta întotdeauna pe familia noastră să ne ofere suportul necesar.

Ei ne încurajează, ne motivează și ne sprijină în momentele dificile, făcându-ne să simțim că nu suntem singuri în lupta noastră.

Iubirea din familie este ceea ce ne face să ne simțim cu adevărat acasă. Este sentimentul că aparținem cu adevărat cuiva, că suntem acceptați pentru cine suntem cu bune și cu rele. Iubirea dintre părinți și copii, între frați și surori sau între membrii extinși ai familiei este ceea ce ne definește și ne ajută să creștem într-un mediu sigur și plin de afecțiune.

Iubirea din familie se manifestă în multe feluri. Este atunci când părinții ne încurajează să ne urmăm visele și să fim noi înșine. Este atunci când frații și surorile ne susțin și ne protejează în orice situație. Este atunci când bunicii ne povestesc povești din experiența lor de viață și ne învață lecții importante. Este atunci când ne simțim apreciați și iubiți pentru ceea ce suntem, fără a fi judecați sau criticați.

Iubirea din familie este necondiționată. Este acea iubire care nu cere nimic în schimb, ci doar dăruiește și acceptă. Este acea iubire care ne face să ne simțim speciali și unici, indiferent de greșelile noastre sau de imperfecțiunile noastre.

Este acea iubire care ne învață să ne iubim și să iubim în același fel, să fim deschiși și empatici față de cei din jurul nostru.

În familia noastră, ne formăm primele relații și învățăm primele lecții de viață. Învațăm să ne comunicăm, să ne ascultăm și să ne înțelegem reciproc. Învațăm să ne respectăm între noi și să ne sprijinim în tot ceea ce facem. Învațăm să fim empatici și să ne punem în locul celuilalt, să ne facem timp pentru cei dragi și să ne arătăm recunoștința pentru tot ceea ce fac pentru noi.

Suportul și iubirea din familia noastră ne ajută să creștem și să ne dezvoltăm într-un mod sănătos și echilibrat. Ne învață să fim responsabili și să ne asumăm consecințele acțiunilor noastre. Ne învață să fim puternici și să facem față la provocările vieții cu încredere și reziliență. Ne învață să fim uniți și să ne sprijinim reciproc în tot ceea ce facem.

În vremurile dificile, familia noastră este singura care ne poate înțelege cu adevărat și ne poate oferi suportul de care avem nevoie. Este acolo unde găsim liniștea și confortul, unde ne putem descărca emoțiile și ne putem împărtăși fricile și necazurile.

Este acolo unde ne simțim în siguranță și
protejați, unde știm că nu vom fi judecați sau
respinși pentru ceea ce simțim sau gândim.
În familia noastră, învățăm să ne iubim și să
ne apreciem unul pe celălalt. Învățăm să fim
toleranți și să ne acceptăm diferențele, să ne
bucurăm de momentele frumoase și să ne
susținem reciproc în momentele dificile.
Învățăm să fim mulțumiți și recunoscători
pentru tot ceea ce avem și să nu dăm
niciodată nimic de-a gata.
Suportul și iubirea din familia noastră sunt
cele mai prețioase daruri pe care le putem
primi. Ele ne ajută să creștem și să ne
dezvoltăm într-un mod sănătos și echilibrat,
să facem față provocărilor vieții cu încredere
și reziliență și să ne simțim iubiți și apreciați
pentru ceea ce suntem. Familia este locul
unde ne simțim cu adevărat acasă, unde ne
simțim parte din ceva mai mare și mai
important decât noi înșine. Este locul unde ne
simțim cu adevărat iubiți și susținuți, unde
ne simțim în siguranță și protejați în fața
tuturor greutăților și obstacolelor vieții.
Relațiile familiale sunt fundamentale în viața
fiecărui individ. Ele oferă un cadru sigur și
stabil pentru dezvoltare, protecție și
susținere.

Un aspect crucial al relațiilor familiale este sprijinul emoțional și iubirea necondiționată pe care membrii familiei le oferă unul altuia. Sprijinul emoțional este deosebit de important în relațiile familiale deoarece oferă un cadru de comunicare deschisă, încredere și empatie. Atunci când membrii unei familii se simt înțeleși, apreciați și acceptați pentru cine sunt, există un sentiment de conexiune și apartenență care consolidează legăturile dintre ei. Sprijinul emoțional poate veni sub diferite forme, cum ar fi vorbe de încurajare, asigurări că cineva este acolo pentru tine în momente dificile sau simpla prezență fizică în momente de tristețe sau bucurie.

De asemenea, iubirea necondiționată este un pilon al relațiilor familiale sănătoase. Faptul că membrii unei familii se iubesc și se susțin unii pe alții fără să pună condiții sau să aștepte ceva în schimb creează un mediu cald și reconfortant în care fiecare individ se poate dezvolta în mod armonios. Iubirea necondiționată înseamnă să îți accepți copiii așa cum sunt, să îi încurajezi să fie autentici și să îi susții în alegerile pe care le fac, chiar dacă nu sunt în acord cu propriile tale opinii sau preferințe.

Un aspect esențial al sprijinului emoțional și al iubirii necondiționate în relațiile familiale este capacitatea de a oferi și primi feedback constructiv și de a rezolva conflictele într-un mod sănătos și constructiv. Este normal ca în orice relație să apară neînțelegeri sau conflicte, dar modul în care acestea sunt gestionate poate face diferența între consolidarea sau distrugerea legăturilor familiale. Comunicarea deschisă, ascultarea activă, exprimarea sentimentelor și nevoilor în mod clar și respectuos sunt elemente cheie în gestionarea conflictelor în familie.Un alt aspect important al sprijinului emoțional și al iubirii necondiționate în relațiile familiale este construirea încrederii reciproce și a unui sentiment de siguranță. Cand membrii unei familii se simt în siguranță și protejați unii de alții, se pot deschide, se pot exprima liber și pot dezvolta relații autentice și profunde. Crearea unui mediu sănătos și lipsit de teamă în familie este esențială pentru ca fiecare membru să se simtă în largul său și să își poată exprima nevoile și emoțiile fără frică de respingere sau critică.Sprijinul emoțional și iubirea necondiționată din partea membrilor familiei contribuie la dezvoltarea unui sentiment de apartenența și solidaritate între aceștia.

Sentimentul că faci parte dintr-un grup care te susține și te iubește indiferent de circumstanțe îți oferă un sentiment de securitate și încredere în propria persoană. Această conexiune emoțională puternică între membrii unei familii este un factor important în menținerea echilibrului și armoniei în relațiile dintre aceștia.

În plus, sprijinul emoțional și iubirea necondiționată din partea familiei au un impact pozitiv asupra sănătății mentale și emoționale a fiecărui individ. Când știi că ai pe cineva alături care te susține și te încurajează, te simți mai puternic și mai încrezător în propriile capacități.

Sprijinul emoțional și iubirea necondiționată sunt elemente esențiale în relațiile familiale. Acestea contribuie la dezvoltarea unui mediu pozitiv și reconfortant în care fiecare membru se poate dezvolta și se poate exprima liber și autentic. Crearea unui spațiu sigur și afectuos în familie îi ajută pe membrii acesteia să se simtă împliniți și susținuți în drumul lor către o viață fericită și echilibrată.

Atunci când trecem prin momente dificile în viață, este important să ne simțim susținuți și încurajați de cei dragi.

Să primim sprijinul acestora ne poate ajuta să depășim obstacolele și să ne simțim mai puternici în fața provocărilor.

Primul lucru pe care trebuie să-l facem atunci când avem nevoie de sprijin este să ne exprimăm sentimentele și să cerem ajutor. Uneori, ne temem să avem deschidere cu ceilalți sau să cerem ajutor, dar este important să înțelegem că nu suntem singuri și că cei din jurul nostru își doresc să ne fie alături în momentele grele.

O modalitate eficientă de a primi sprijin din partea celor dragi este să ne deschidem și să le spunem cum ne simțim. Comunicarea deschisă și sinceră este cheia pentru a primi sprijinul de care avem nevoie. Putem împărtăși cu cei dragi grijile noastre, temerile și emoțiile și să le cerem sfaturile sau părerile lor. Este important să nu ne ascundem sentimentele și să avem încredere că cei dragi vor fi acolo pentru noi în momentele dificile.

În același timp, este esențial să fim deschiși și să acceptăm sprijinul celor din jur. Oferirea ajutorului este o formă de dragoste și susținere din partea celor dragi, iar refuzul acestuia poate afecta relația și conexiunea cu aceștia.

Este important să ne putem sensibiliza în fața celor dragi și să acceptăm sprijinul emoțional și practic pe care aceștia ne-l oferă.

Un alt aspect important în acordarea și primirea sprijinului este empatia. Atunci când suntem într-o poziție de a oferi sprijin celor dragi, trebuie să fim empatici și să încercăm să ne punem în locul lor. Să fim deschiși și să ascultăm fără să judecăm, să oferim sfaturi sau să susținem într-un mod care să le ofere confort și încredere.

De asemenea, în momentele dificile este important să ne asigurăm că comunicarea este sănătoasă și constructivă. Nu este întotdeauna ușor să ne exprimăm sentimentele sau să primim feedbackul celor dragi, dar este esențial să fim deschiși la dialog și să ne ascultăm reciproc.

Comunicarea eficientă poate să ne ajute să ne înțelegem și să găsim soluții pentru problemele cu care ne confruntăm.

Pe lângă sprijinul emoțional, este important să primim și sprijin practic din partea celor dragi. Uneori, o simplă îmbrățișare sau cuvinte de încurajare pot să facă diferența în momentele grele. De asemenea, cei din jurul nostru pot să ne ofere ajutor în rezolvarea problemelor practice sau să ne facă viața mai ușoară prin diverse acțiuni concrete.

În plus, este important să ne asigurăm că oferim și primim sprijin într-un mod reciproc și echilibrat. Relațiile sănătoase se bazează pe reciprocitate și empatie, iar atunci când oferim sprijin trebuie să fim deschiși și să acceptăm și să primim ajutorul celorlalți atunci când avem nevoie.

În momentele dificile ale vieții, este esențial să ne simțim susținuți și încurajați de cei dragi. Comunicarea deschisă și sinceră, empatia, sprijinul practic și reciprocitatea sunt elemente cheie în acordarea și primirea sprijinului din partea celor din jur. Să ne deschidem inimile și să acceptăm sprijinul celor dragi ne poate ajuta să depășim obstacolele și să ne simțim mai puternici în fața provocărilor vieții.

Familia este unul dintre cei mai importanți piloni ai unei persoane. Este locul în care ne naștem, creștem și învățăm să ne dezvoltăm. Relațiile pe care le avem cu membrii familiei noastre sunt extrem de importante pentru starea noastră de bine și pentru felul în care ne simțim în lume.

Exprimarea iubirii și afecțiunii față de ceilalți membri ai familiei este esențială pentru menținerea legăturilor strânse și pentru creșterea satisfacției și fericirii în cadrul familiei. Aceste gesturi de iubire nu trebuie să fie complicate sau costisitoare, ci pot fi lucruri simple, precum un zâmbet, un gest de îmbrățișare sau un cuvânt frumos. Este important să arătăm celor dragi că îi iubim și că ne pasă de ei în fiecare zi. Atunci când exprimăm iubire și afecțiune față de membrii familiei, creăm un climat de siguranță și încredere în relațiile noastre. Aceste gesturi creează o atmosferă de armonie și echilibru în familie, contribuind la dezvoltarea unei relații puternice și sănătoase între membrii ei.

Atunci când ne exprimăm iubirea față de familia noastră, învățăm și copiii noștri să fie mai empatici, mai deschiși și mai afectuoși în relațiile lor cu ceilalți. Ei vor învăța că este important să își arate afecțiunea față de cei dragi și că gesturile mici de iubire pot avea un impact mare în viața celorlalți.

De asemenea, exprimarea iubirii față de ceilalți membri ai familiei îi învață pe copii să fie recunoscători pentru cei dragi din viața lor și să nu ia aceste relații de-a gata. Este important ca ei să înțeleagă că iubirea și afecțiunea trebuie să fie cultivate și îngrijite în fiecare zi, pentru a menține legăturile puternice și pentru a crește nivelul de fericire și satisfacție în familie.

Un alt beneficiu al exprimării iubirii și afecțiunii față de membrii familiei este consolidarea legăturilor emoționale dintre aceștia. Atunci când ne exprimăm iubirea față de ceilalți membri ai familiei, le arătăm că ne pasă de ei, că îi apreciem și că suntem alături de ei în orice moment. Aceste gesturi creează o legătură puternică între membrii familiei și îi ajută să se simtă mai apropiați unii de ceilalți.

De asemenea, exprimarea iubirii față de membrii familiei poate ajuta la rezolvarea conflictelor și la îmbunătățirea comunicării în familie. Atunci când ne arătăm deschiderea și afecțiunea față de ceilalți, creăm un mediu în care membrii familiei se simt în siguranță să își exprime sentimentele și să își rezolve neînțelegerile în mod pașnic și constructiv.

În plus, exprimarea iubirii față de ceilalți membri ai familiei poate contribui la îmbunătățirea stimei de sine a acestora. Când cineva primește gesturi de iubire și apreciere din partea celor dragi, se simte valorizat și important, ceea ce îi poate crește încrederea în sine și stima de sine.

Este important să ne arătăm iubirea față de ceilalți membri ai familiei pentru a le transmite că sunt apreciați și iubiți așa cum sunt.

În societatea moderna, în care ritmul vieții este tot mai alert și presiunile cotidiene sunt tot mai mari, este important să ne amintim de importanța relațiilor din familia noastră și să acordăm atenția cuvenită expresiilor de iubire și afecțiune față de cei dragi. Gesturile simple, precum un zâmbet, un compliment sau o îmbrățișare, pot avea un impact mare în relațiile noastre și pot contribui la construirea unui mediu familial pozitiv și fericit.

Exprimarea iubirii și afecțiunii față de ceilalți membri ai familiei este esențială pentru menținerea legăturilor puternice și pentru creșterea fericirii și satisfacției în familie. Este important să ne arătăm aprecierea și iubirea față de cei dragi în fiecare zi, pentru a consolida legăturile emoționale dintre noi și pentru a crea un mediu familial armonios și fericit. Nu uitați să spuneți celor dragi cât de mult îi iubiți și să le arătați acest lucru prin gesturi mici și pline de afecțiune.

Familia este cea mai mare comoară a vieții noastre, așa că nu ezitați să o îngrijiți și să o apreciați în fiecare zi.